KB267825

한번더
세일즈

한번 더 세일즈

초판1쇄 인쇄 | 2013년 3월 5일
초판1쇄 발행 | 2013년 3월 10일

지은이 | 오정환
펴낸이 | 김진성
펴낸곳 |

편집 | 이현정
디자인 | 장재승
관리 | 정보해

출판등록 | 2005년 2월21일 제313-2005-000034호
주소 | 서울시 구로구 개봉동 359-18 한일코지세상 102동 201호
전화 | 02-323-4421
팩스 | 02-323-7753
이메일 | kjs9653@hotmail.com

ⓒ 오정환. 2013
값 14,000원
ISBN 978-89-93132-25-0 13320

 마인드부터 리쿠르팅까지 거미형 세일즈를 총망라한

꿈을 싣고 달리는
폭주 기관차가 돼라!

남들 앞에서 말을 한다는 것은 신나는 일이다. 나는 어렸을 때부터 남들 앞에서 말하는 것을 좋아했다. 이것은 나에게는 늘 가슴 설레는 일이었다. 그런데 마흔이 넘도록 나의 재능이라고는 생각지 못했다. 더욱이 이 재능을 활용해 전문 강사가 되겠다는 것은 상상도 하지 못했다. 그냥 부러워만 했다. '나도 하면 잘할 수 있을 텐데……'라고 말이다.

나는 40대 초반이 되어서야 비로소 전문 강사를 꿈꾸었다. 그 후 몇 년을 준비하며 세 권의 책을 쓰고 나서야 비로소 하던 일을 접고 강의를 할 수 있었다. 쉰을 바라보는 나이에 내가 하고 싶은 일을 시작한 것이다. 이 세상에 만만한 일은 하나도 없다. 필자도 쉽게 뭔가를 얻으리라는 생각은 애초에 하지도 않았다. 비록 짧은 시간이었지만 정글 같은 세상에서 살아남기 위해 발버둥을 쳤다. 그 덕에 강의 경력은 미천하지만 강의안을 다듬어 책으로 펴낼 수 있었다.

　이 책은 그동안 영업인들을 대상으로 강의했던 내용을 엮은 것이다. 일부는 이미 펴낸 책에서 다룬 것도 있고, 일부는 강의를 하며 새로 준비한 것도 있다. 강의 때는 듣는 사람에 따라 첨삭을 하는 탓에 분량이 사뭇 많지만, 이 책은 그중에서도 제법 인기(?)가 많았던 강의만을 추려서 실었다.

　이 책의 내용을 간략히 소개하면 다음과 같다.

　1장에서는 주로 영업인의 정신력을 강화하는 내용을 담았다. 정신력은 컴퓨터의 내장하드와 같다. 내장하드의 용량이 부족하면 아무리 좋은 소프트웨어를 실행시켜도 잘 돌아가지 않듯이 영업인의 자세와 태도가 갖춰지지 않으면 아무리 좋은 세일즈 기법을 가르쳐도 실행과 활용이 어렵다.

　2장에서는 본격적인 세일즈 기법을 담았다. 일부분은 전작인《영업, 질문으로 승부하라》와《세일즈 멘토링》에서도 다룬 내용들이지만, 이전 책들과는 달리 다양한 사례를 집어넣어 현실감을 높이고자 했다.

　3장에서는 증원과 조직관리를 위한 동기부여 방법을 담았다. 증원은 매출과 함께 영업조직에서 가장 중요한 요소이다. 어느 하나 부족해서는 성공적인 성과를 낼 수가 없다. 따라서 현장에서 적용 가능한 증원방법을 싣고자 노력했다. 동기부여의 법칙은 일선 영업조직의 관리자들이 조직원들을 어떻게 동기부여해야 하는지 이론과 실제 사레를 통해 설명했다.

　이 책은 강의 현장의 느낌과 분위기를 지속적으로 느끼고 싶다는 분들의 요청에 의해 만들어졌다. 그래서 강의를 할 때처럼 구어체를 최대한 살리려 했다. 강의를 할 때는 흐름을 매끄럽게 하기 위해 자료의 출처를 일일이 소개하지 못한다. 그렇다 보니 이 책 또한 출처를 밝히지 못한 부분도 있다. 이 점 양해해주시기 바란다.
　부디 이 책이 영업을 하는 데 자그마한 도움이라도 된다면 글을 쓴 사람으로서 더한 보람이 없을 것이다.

용인 수지 연구실에서

오 정 환

| 감사의 말 |

가슴 뛰는 삶을
살게 해준 분들께

강의를 하러 먼 길을 오갈 때나 강단에 올라 강의를 할 때도 '나의 등 뒤에서 나를 도우시는 하나님'을 느낄 수 있었다. 그래서 감사하다. 또한 부족한 강의를 열심히 듣고 현장에서 적용을 해보려고 애쓴 많은 분들께 감사드린다. 강의를 듣고 많은 것을 배웠다며 고마워하신 분들께도 진심으로 감사하다. 이런 분들이 계셔서 더 신나게 강의를 할 수 있었다.

한라상조 평생교육원 김희곤 원장님께는 많은 빚을 졌다. 한라상조에서 강의할 수 있는 기회를 만들어주셨을 뿐만 아니라 고쳐야 할 점 등도 조언을 해주셨다. 신택현 T&S 컨설팅 대표님께도 감사드린다. 초보 강사인 나에게 길을 열어주신 덕분에 여러 곳에서 강의를 할 수 있었고, 강의 기술도 익힐 수 있었다.

유니베라는 고향과 같은 곳이라 고마운 분들이 많다. 양주대리점

이해은 사장님, 노원제일대리점 승은정 사장님은 적극적으로 강의 내용을 살펴주고 잘못된 점들을 지적해주어 좋은 강의를 할 수 있도록 도움을 주셨다. 원주중앙 이영희 사장님, 충주 이명숙 사장님도 강의를 잘한다고 여기저기 소문을 내주고 소개도 해주셨다. 진심으로 감사드린다.

인천신흥 강혜숙 사장님, 청주은성 박성민 사장님, 수원화서 원광숙 사장님, 수원남부 김순옥 사장님, 서울수락 이선래 사장님, 용인수지 김영중 사장님, 포천 박명순 사장님, 인천서창 오지연 사장님 등 유니베라의 대리점 사장님들께도 정말 많은 빚을 졌다. 감사의 글로 대신할 수밖에 없어 죄송스럽다.

김정문알로에 성남모란 오성복 사장님, 서울성동 서정례 사장님, 인천계양 권석원 사장님, 용인 안철호 사장님도 좋은 강의를 할 수 있도록 많은 도움을 주셨다. 특히 김상범 인코칭 부사장님은 김정문 알로에 재직 때부터 많은 도움과 조언을 해주셨다. 그분이 집필하신 책들은 내가 강의안을 만드는 데 많은 도움이 되었다.

한라상조 본부장님들께도 고마운 마음을 전한다. 강원중부 남다영 본부장님, 서울중앙 주홍식 본부장님, 서울구로 박순애 본부장님, 인천남동 김태훈 본부장님, 인천남부 유재경 본부장님, 경기북부 김평곤 본부장님, 경기수원 김진숙 본부장님, 안양부천 김은빛 본부장님, 경기성남 정금복 본부장님, 경기고양 박헌자 본부장님, 경기구리남양주 이서연 본부장님, 광주전남 김미령 본부장님, 전남서 길지혜 본부장님께 감사의 말씀을 전한다.

사단법인 한국세일즈코치협회 최환규 회장님, 이소형 부회장님, 김신우 부회장님, 나상오 부회장님, 강상옥 이사님, 이수미 이사님, 하주영 이사님, 김상범 이사님, 김주영 이사님께도 감사한다. 협회를 함께 하며 세일즈에 대한 안목을 키울 수 있는 축복을 주셨다.

김순열 상담실장님께도 감사하다. 현장에서 겪었던 일들을 자세히 전해주서서 사례의 주인공이 되기도 했고, 굳은일을 도맡아주서서 연구와 강의, 집필에만 전념할 수 있도록 좋은 환경을 만들어주셨다.

돌이켜보면 그동안 참으로 많은 분들께 다양한 도움을 받았다. 이 책이 그에 대한 작은 보답이 된다면 정말 다행일 것이다.

차례

1장

탄탄한 기본기, 마인드

01

거미처럼 세일즈하라

"거미처럼 세일즈를 하라고? 거미도 세일즈를 하나?"

영업인들은 말한다. 영업은 쉬운 일이 아니라고. 처음에는 열정을 가지고 열심히 일하지만, 1년을 넘기기가 쉽지 않다. 그리고 3년차가 되면 고비가 찾아와 일하기 싫어지는 순간이 온다. 왜 그럴까? 지치고, 일의 끝이 보이지 않기 때문이다. 여기서 거미처럼 세일즈한다는 것은 열정은 유지하되 지치지 않는 방법을 의미한다. '거미'의 의미를 확실히 알기 위해 우선 우리 집안 얘기부터 꺼내보겠다.

우리 집안은 대대로 용인에서 살았다. 아버지는 올해 여든이신데, 할아버지께서는 아버지 나이 37세에 돌아가셨다. 할머니가 30대에 과부가 되셔서 아들 둘에 딸 셋을 키우셨는데, 큰아들이 바로 내 아버지시다. 아버지는 그 당시 열 살이셨고, 막내 고모는 막 태어난지 얼마되지 않았었다. 1941년, 일제 강점기 말인 데다 너무 어려운 시절이었다.

더군다나 집안에 가장이 없으니 입에 풀칠하기도 바빠 공부는 생각도 할 수 없었다. 아버지는 초등학교를 졸업하자마자 이발소에 취직을 해 평생 동안 이발업을 하셨다. 아버지는 27세에 어머니와 맞선을 보셨다. 그 당시 어머니는 스무 살이셨다.

지금이야 시골 사람이나 서울 사람이나 별로 표가 안 나지만, 55년 전에는 표가 확 났다. 어떻게 표가 날까? 서울 사람들은 얼굴이 하얗고 시골 사람들은 농사를 지었으니 시커맸다. 아버지는 농사일을 안 하시고, 이발소에서 일하셨으니 뽀얀 얼굴에 머리에 기름을 바른 깔끔한 모습으로 선을 보러 나가셨다. 시골에서 시커먼 남자들만 보다가 하얗고 잘생긴 총각을 봤으니 스무 살 처녀 가슴이 어땠겠나?

지금도 어머니는 그렇게 시집오신 것이 인생 최대의 실수라고 말씀하신다. 쥐뿔도 없는 집으로 시집오신 것이다. 그 당시 남자 나이 스물일곱이 되도록 장가를 못 갔다면 의심을 해봤어야 했다. 조건이 안 좋으니까 그 나이 먹도록 장가를 못간 것이었다. 요즘으로 치면 마흔이 다 되도록 장가를 못 간 것이었다. 할아버지께서 그렇게 일찍 돌아가셨으니 뭐가 있었겠는가. 할아버지 형제가 네 분이신데 우리 할아버지가 셋째셨다. 어머니는 시집와서 첫째, 둘째 할아버지의 자식들, 즉 아버지의 사촌들은 다들 고등학교나 중학교를 나왔는데, 아버지의 형제들은 겨우겨우 초등학교를 마쳤다는 것을 아셨다. 먹고살기도 힘든데 공부를 하지 못한 것은 당연했다.

그때부터 어머니의 일생 목표는 자식들 공부시키는 것이 되었다. 덕분에 안 해본 일이 없으셨다. 필자가 초등학교 1, 2학년 때로 기억하는

데, 어머니께서는 집을 나가시면 보름이나 한 달 만에 들어오셨다. 그 당시에는 어디 갔다 오시는지 몰랐다. 나중에 커서 알았는데 수원이나 안양에서 남의 집 식모살이를 하셨다고 한다.

1970년대 중반이 되자 서울에 있던 공장들이 하나둘 용인으로 내려오기 시작했다. 어머니는 식모살이를 그만두시고 기성양복을 만드는 회사에 취직해 구내식당에서 밥을 해주셨다. 그 덕에 우리 가족은 카레를 처음 먹어봤다. 아마 1970년대에 카레를 먹어본 사람은 거의 없을 것이다. 홍차와 커피 같은 것도 그때 처음 먹어봤다.

그 회사를 얼마간 다니다가 어머니는 고려피혁이라는 회사로 전직을 하셨다. 구내식당에서는 정해진 월급을 받는 데 비해 피혁회사에서는 잔업수당이나 특근수당이 있어 더 많은 월급을 받을 수 있다고 생각하신 것이다. 그 당시 어머니는 항상 밤늦게 퇴근을 하셨고, 일요일이나 공휴일에도 집에서 거의 쉬지를 못했다. 어떤 때는 아침에 출근해 밤새워 일을 하셨고, 그 다음 날도 하루 종일 일한 후 저녁때가 되어 퇴근하기도 하셨다.

고려피혁은 소가죽으로 가죽 원단을 만드는 회사였다. 어머니는 10여 년을 거기서 일하셨다. 가죽이 들어오면 먼저 털을 뽑고 가죽에 염색을 한다. 그리고 빨간색, 검은 색, 노란색 가죽원단을 만든다. 염색한 가죽은 물을 빼고 염색이 깊이 스며들도록 커다란 롤러에 통과시킨다. 어머니가 하시던 일은 롤러가 지나가는 선반 위에 소가죽을 가지런히 펼쳐 놓는 일이었다.

소가죽은 커서 머리 부분을 펼치는 사람과 꼬리 부분을 펼치는 사람, 이렇게 두 사람이 한 조가 된다. 두 사람이 염색한 소가죽을 맞잡고 선반 위에 가지런히 펼치면 그중 한사람이 전기 스위치를 올린다. 그러 선반 위로 롤러가 굴러가며 염료가 고르게 스며들도록 누른다.

그러던 어느 날 어머니께서 소가죽을 펴고 손을 미처 빼기 전에 같이 일하던 사람이 스위치를 올려버렸다. 커다란 롤러가 어머니 손 위로 떨어졌다. 어머니는 기절하시면서도 "우리 아들 공부 어떻게 해, 우리 아들 공부 어떻게 해!"라고 비명을 지르셨다고 한다. 그 순간까지도 짓이겨진 손가락이 걱정되는 게 아니라 아들 공부를 어떻게 시킬 것인지가 더 걱정이셨던 것이다.

한 세대 선배들은 정도의 차이는 있겠지만 다들 어머니처럼 사셨다. 배운 게 없으니 부지런히 몸을 굴려 돈을 벌 수밖에 없었다. 당신은 그렇게 살아도 자식들은 그런 인생을 살지 않기를 바라는 마음에 몸이 부서져라 일하셨다. 이런 인생을 개미 같은 인생이라고 한다.

개미를 가리키는 한자는 '蟻개미 의'자다. 이 글자에서 羊양은 옛날에 제물로 바쳤던 동물로 희생을 의미한다. 我아는 나를 뜻한다. 이 두 자를 합치면 義의자가 되는데, 의무義務, 의리義理, 의사義士 같이 주로 몸을 희생하는 행위를 의미한다. 즉 개미라는 놈은 자기 몸을 희생하는 벌레다.

모두가 못살고 어려울 때는 가방끈이 짧아도 개미처럼 열심히 일하면 먹고는 살았다. 1960년대에 독일로 건너간 남자들은 수백 미터 지하갱도에서 석탄을 캤고, 간호사들은 병원에서 허드렛일을 하며 개미처럼 돈을 벌어 국내에 있는 가족에게 돈을 보냈다.

그 후 1966~1973년까지는 월남으로 파병된 32만 명의 군인 중 5천 명 정도가 목숨을 잃었다. 1970~1980년대에는 많은 사람들이 중동으로 일을 하러 갔다. 그때도 그들 대부분은 개미처럼 일해서 번 돈을 국내에 있는 가족들에게 송금했다. 그들의 피와 땀으로 벌어들인 돈이 우리나라 경제 발전의 초석이 되었고, 우리가 이만큼 잘살게 된 것은 그분들이 개미처럼 일한 덕분이다.

그러나 지금은 개미처럼 일해서는 잘살 수 없는 시대가 되었다. 혹시 잘살지는 몰라도 몸은 골병이 들 것이다. '살 만하니까 죽는다'는 말이 괜히 나왔겠는가. 따라서 이제는 개미가 아니라 거미처럼 일해야 한다.

개미와 거미의 차이를 살펴보자. 거미는 하루 종일 힘들게 몸으로 일하지 않는다. 거미줄만 쳐놓으면 먹이가 걸려든다. 거미줄을 쳐놓고 1주일이건 한 달이건 여행을 다녀와도 괜찮다. 거미는 자기 몸을 굴리지 않아도 수입이 생긴다.

거미를 나타내는 한자는 '蜘거미 지'자인데, '知알 지'는 사물을 인식하고 판단하는 정신작용이나 깨닫는 힘, 즉 슬기나 지혜, 지식 등을 뜻한다. 거미처럼 일한다는 것은 곧 머리를 써서 지혜롭게 일하는 것을 말한다. 이제 영업도 거미처럼 해야 한다. 요즘 유행하는 브리핑 세일즈나 블로그와 페이스북을 활용한 영업 등은 머리를 쓰는 영업이다.

한번은 강의가 끝나고 50대 되신 분이 질문을 해왔다.

"나는 공부도 많이 못했고 가진 재산도 없는데 거미처럼 살 수 있을까요?"

그래서 이렇게 대답했다.

"공부도 많이 못하고 돈도 없는 사람이 돈을 많이 벌 수 있는 방법은 영업밖에 없습니다."

가난한 사람이 부자가 될 수 있는 방법도 영업밖에 없다. 그럼 영업만 하면 거미처럼 살 수 있을까? 그렇지 않다. 영업하는 사람들 중에도 개미처럼 영업하는 사람이 있고, 거미처럼 영업하는 사람이 있다. 거미처럼 영업하는 사람이란 머리를 쓰는 영업을 하는 사람이다. 조직을 늘리고 고객관리를 잘해서 소개판매를 늘리는 것이 거미형 영업이다.

아마 모든 사람이 똑똑한 거미, 머리를 쓰는 거미가 되고 싶을 것이다. 그렇다면 거미처럼 영업을 하려면 어떻게 해야 할까? 다음의 세 가지가 필요하다.

첫째, 머릿속에 멋진 그림을 그려라.

인생이라는 단어에서 어떤 생각이 떠오르는가? 무엇을 생각하느냐에 따라 우리 인생은 그대로 풀린다. 인생이 지겹다고 생각하면 지겹게 풀리고, 인생이 행복하다고 생각하면 행복하게 풀린다. '생각이 팔자'라는 말처럼 머릿속에 무엇이 채워져 있느냐에 따라 인생이 달라진다.

머릿속이 쇼핑으로 꽉 찬 여자가 있었다. 그녀는 사고 싶은 옷이나 갖고 싶은 명품가방이 있으면 기어이 사야만 했다. 아들이 300만 원을 벌어오면 400만 원을 써버리는 며느리를 시어머니는 두고 볼 수만은 없었다. 그래서 서예학원에 등록시켰다. 정신을 수양하면서 쇼핑

중독을 이겨내라는 깊은 뜻에서였다.

웬일인지 며느리는 시어머니 뜻대로 열심히 붓글씨를 배웠다. 그러고 나서 6개월 후 사자성어를 멋지게 써서 거실에 걸어 놓았다. 액자에는 '현목신월現木新月'이라고 씌어 있었다. 시어머니는 아무리 들여다봐도 도무지 무슨 뜻인지 알 수가 없었다. 아들도 모른다고 했다. 국어사전이나 자전을 찾아봐도 뜻을 알 수가 없자 시어머니는 며느리에게 이렇게 물었다.

"얘, 현목신월이 무슨 뜻이니?"

그랬더니 며느리가 대답했다.

"현대백화점은 목요일에 쉬고, 신세계백화점은 월요일에 쉰다는 뜻입니다."

이와 같이 거미처럼 영업하려면 머릿속이 좋은 생각으로 차 있어야 한다. 그래야 고객이 마음을 열 수 있다. 인생이 괴로운 사람은 그것이 표정에 다 드러난다. 표정이 죽게 생긴 사람은 정말 곧 죽기도 한다.

이처럼 머릿속이 '지겹다', '괴롭다', '힘들다'는 생각으로 채워져 있으면 얼굴에 고스란히 나타나게 마련이다. 얼굴이 무엇인가? 마음속 생각이나 철학 등을 나타나는 꼴이다. 얼굴은 좋은 생각을 많이 하면 좋아지고, 나쁜 생각을 많이 하면 나빠진다.

사람의 얼굴에는 일곱 개의 구멍이 있다. 그중에서 정신상태와 마음상태가 드러나는 구멍이 바로 눈과 입이다. 특히 입은 매우 중요하다. 입으로 '내 인생은 고생스럽다', '괴롭고 고통스럽다', '너무 지겹다', '마음대로 안 된다'라고 하면 진짜 그렇게 되고, '내 인생은 행복하다', '희망이 있다', '재미있다', '살 만하다', '감사하다'라고 하면 정말 그렇게 된다. 말의 힘은 자석처럼 끌어당기는 자력이 있다.

성공이라는 단어를 들으면 어떤 생각이 머릿속에 떠오르는가? '그거 한방이지', '그건 다른 사람 얘기지', '생각해본 적도 없어', '내 주제에 무슨 성공이냐?'와 같이 부정적으로 생각하는 사람도 있을 것이고, '나도 가능해', '희망이 있어', '나도 성공할 수 있어'와 같이 긍정적으로는 생각하는 사람도 있을 것이다.

그런데 성공에 대하여 부정적인 생각이 먼저 떠오르는 사람은 뭘 해도 성공할 수 없다. 성공하는 사람은 생각과 말이 먼저 성공하고 있기 때문이다. 그들은 '나도 가능해', '희망이 있어', '나도 성공할 수 있어'와 같이 긍정적인 말을 사용한다.

그렇다면 영업이라는 단어를 들으면 어떤 생각이 떠오르는가? '어렵다', '힘들다', '아무나 하는 것이 아니야', '관심 없어', '말재주가 좋아야 하지', '아는 사람이 많아야 돼'와 같은 부정적인 생각이 떠오른다면 영업으로 성공할 수 없다. 생각한 대로 성공하려면 우선 생각을 멋지게 해야 한다.

부정적으로 생각하면 인생은 부정적으로 흐른다. 성공을 부정적으로 보는 사람은 절대 성공할 수 없다. 마찬가지로 영업을 부정적으로 보는 사람은 절대 영업으로 성공할 수 없다. 평소에 사용하는 말과 생각이 대단히 중요한 이유다. 옛말에 "말이 씨가 된다"고 했다. 이 말은 조상들이 생활 속 경험에서 얻어낸 귀한 속담이다.

'꼴값한다', '생긴 대로 논다'라는 말이 있다. 성공하게 생겨야 성공하는 것이고, 행복하게 생겨야 행복해진다는 말이다. 성공하고 싶고 행복하고 싶고 돈을 많이 벌고 싶으면, 항상 성공한 모습, 행복한 모습, 부자가 된 모습을 머릿속으로 상상해야 한다.

운동선수들도 이런 방법을 사용한다. 프로축구에서 득점왕을 차지한 선수들은 항상 골 넣는 장면을 떠올린다고 한다. 머릿속에 운동장과 자신의 위치를 그리고, 공이 오는 장면, 수비수를 제치고 슛을 하는 장면, 골 넣는 장면을 상상한다. 이런 이미지 트레이닝은 자신감을 심어줄 뿐만 아니라 시나리오별로 득점기술도 높일 수 있는 효과적인 방법이다.

둘째, 끊임없이 자기계발을 하라.

요즘 많은 사람들이 자기계발에 열심이다. 그렇다면 자기계발이란 무엇일까? 외국어나 컴퓨터, 요가를 배우고 익히는 것일까? 물론 그런 것도 자기계발일 수 있다. 그러나 진정한 자기계발은 사고방식을 바꾸는 것이다. 사고방식을 바꾼다는 것은 실패자의 사고방식을 성공자의 사고방식으로 바꾸는 것을 말한다.

실패자의 사고방식을 갖고 있는 사람은 매사에 부정적이어서 새로운 것을 받아들이지 않고 냉소적이다. 좋은 글을 읽거나 좋은 강의를 들어도 "그게 그렇게 쉽냐? 네가 한번 해봐라, 말처럼 쉬운가?"라며 흘려버린다. 이런 사람들에게는 발전이 없다.

성공자의 사고방식을 갖고 있는 사람은 한 가지라도 배워서 실천하려고 한다. "오늘 강의 참 좋구나. 그래, 오늘부터 거미형 영업인이 되기 위해 노력해야겠다"라고 결심한다. 그리고 한 가지씩 꾸준히 실천한다. 이런 태도가 바로 성공자의 사고방식이다.

그렇다면 이렇게 실패자의 사고방식을 성공자의 사고방식으로 바꾸는 방법에는 어떤 것이 있을까? 세 가지 방법이 있다.

첫째, 멘토를 정한다. 멘토는 보고 배울 만한 사람을 말한다. 내 분야에서 가장 성공한 사람은 누구인가? 당신이 가장 본받고 싶은 사람이 누구인가? 그런 사람을 정해 본받는 것이 중요하다. 피겨스케이트 선수인 김연아의 멘토는 미셸 콴이었다. 미셸 콴이 어떤 옷을 입는지, 어떻게 훈련했는지 알아보고 따라하다 보니 어느덧 미셸 콴보다 더 훌륭한 선수가 되었다. 성공한 사람에게는 배울 점이 많은 법이다. 특히 성공한 사람들의 사고방식을 본받아 실천하는 것이야말로 진정한 자기계발이다.

《부자가 되려면 부자에게 점심을 사라》를 쓴 혼다 켄은 멘토를 정하고, 그들을 따라해 부자가 된 사람이다. 그는 어려서부터 돈 버는 법에 관심이 많아 성공한 사업가들의 이야기에 흥미를 느꼈다. 그래서 대학 때 여러 분야의 성공한 사람들에게 대화를 해보고 싶다는 편지를 보냈다. 그리고 그들을 만나 다음과 같은 질문을 던졌다.

- 선생님은 제 나이 때 어떤 생각을 했나요?
- 어떤 책이 도움이 됐나요?
- 어떤 사람을 만나셨습니까?
- 인생의 목표는 무엇이었습니까?

혼다 겐은 그들을 만나 얻은 정보를 실천하기 위해 노력했다. 그는 수많은 부자들을 만나 질문을 하며 돈 버는 법을 배웠다. 그리고 그 답을 실천에 옮겼다.

둘째, 독서를 한다. 영업하는 사람은 책을 많이 읽어야 한다. 성공한 사람들에 대한 책을 읽으면 그들의 생활태도와 사고방식을 배울 수 있다. 내가 수준이 높아지면 만나는 고객들의 수준도 올라간다.

여기서 책이란 자기계발서만 의미하는 것은 아니다. 인생과 정신을 풍요롭게 하는 다양한 책을 말한다. 책은 절망의 순간에 용기를 주고, 앞이 보이지 않을 때 갈 길을 일러준다. 고민거리를 풀 실마리를 제공할 뿐 아니라 생각도 못했던 아이디어를 떠오르게 한다.

각자의 목표와 계획에 맞춰 책을 읽으면 많은 도움이 된다. 필자는 월 말이 되면 다음 달에 읽을 책을 미리 사놓는다. 그리고 매주 읽을 책을 정하고, 하루에 얼마나 읽어야 하는지를 계산해 매일매일 읽어나간다. 책을 읽으려면 텔레비전 보는 시간부터 줄여야 한다. 우리나라 사람들은 텔레비전을 좋아한다. 일어나자마자 혹은 외출했다가 돌아오면 으레 텔레비전부터 켠다.

요즘 전철을 타면 많은 사람들이 스마트폰에 빠져 있다. 그런 시간에 독서를 하면 얼마나 좋을까? 이제부터라도 TV나 스마트폰 대신 책을 펼쳐라. 책 속에는 성공으로 가는 길이 있다. 《함께 승리하는 리더》라는 책에서 존 맥스웰은 작가이자 강연가인 찰리 존스의 말을 인용해 독서의 중요성을 다음과 같이 말한다. "현재의 당신과 5년 후 당신의 차이점은 당신이 누구와 함께 시간을 보내는지, 어떤 책을 가까이 하는지에 달려 있다"라고.

셋째, 교육을 받고 계속 배워야 한다. 배우면 배울수록 생각이 바뀌고 에너지를 충전할 수 있다. 영업을 하는 사람들 중에는 공부를 많이 한 사람이 드물다. 특히 방판업계는 더욱 그렇다. 그렇기 때문에 새로운 지식을 쌓기 위해서라도 꾸준히 배워야 한다.

요즘엔 무료교육도 많고 1, 2만 원을 내고 듣는 교육도 다양하고 알차다. 영업자들은 특히 세일즈 기법에 대한 교육을 찾아서 들어야 한다. 아울러 고객에게 도움이 될 만한 것들도 부지런히 배워야 한다. 가령 자동차 영업을 한다면 자동차 정비기술을, 화장품 영업을 한다면 피부관리 등을 배워두는 것이 좋다.

교육을 받으면 실패자의 사고방식을 성공자의 사고방식으로 바꿀 수 있다. 교육은 콩나물을 키우는 것과 같다. 콩나물시루에 물 한 바가지를 주면 다 흐르는 것 같지만 콩나물이 자란다. 교육받은 내용도 다음 날이면 머릿속에서 사라질 것 같지만, 반복을 하면 어느 순간 부쩍 자라 있는 모습을 발견할 수 있을 것이다.

셋째, 실패와 도전을 두려워하지 말라.

딸아이가 고등학교 3학년 때의 일이다. 졸업사진을 찍으려고 하는데 교복이 맞질 않았다. 그렇다고 교복을 새로 맞춰줄 수도 없는 난감한 상황이었다. 다행히 딸이 먼저 살을 빼겠다며 내일부터 운동을 하자고 제안했다.

다음 날은 월요일이었다. 딸이 야간 자율학습을 끝내고 10시 반쯤 집에 왔다. 줄넘기를 챙겨 아파트 앞에 나가 30분 정도 줄넘기를 하고 들어왔다. 그다음 날도 마찬가지였다. 3일째가 되던 수요일, 8시 30분쯤 집에 갔더니 딸이 와 있었다. 모의고사 보는 날이라 일찍 왔다는 거였다.

그런데 방에서 나오지를 않았다. "하영아, 운동가자"라고 했더니 오늘은 하루 쉬겠단다. '작심삼일'이라더니. 그 말에 속이 부글부글 끓어서 소리를 질렀다. 잠시 후에 딸이 울면서 나왔다. 운동 가자며. 10대 여자아이들은 살이 찌면 자신감이 없어져 사람이 많은 곳에 가지 않으려 한다. 집안 대소사에도 참여를 안 하는 건 물론이다.

딸이 방에서 나와 운동을 하려고 줄넘기를 챙기는데, 박세리 선수의 아버지가 생각났다. 딸의 담력을 길러주려고 그녀의 아버지가 어떻게 했는지는 다들 알 것이다. 밤에 공동묘지에 데려갔다고 한다. 불현듯 나도 그렇게 해보고 싶다는 생각이 들었다.

그러나 필자가 사는 동네에는 공동묘지가 없어서 아파트 근처에 있는 산에 올라가자고 했다. 필자도 밤에 산을 오른 적이 한 번도 없었다. 비록 아파트 근처에 있는 야산이지만 은근히 겁이 났다. 밤 9시에 아래서 보니 산은 음습했다. 하지만 이미 뱉은 말이라 주워 담을 수가 없었다.

그리고 우리는 결국 정상까지 올라갔다. 정상에는 벤치가 놓여 있었다. 거기 앉아서 우리는 많은 것을 깨달았다. 늦은 시간이라 어둡고 깜깜할 줄 알았는데 산에 들어오니 환했다. 달빛과 아파트 불빛에 생각보다 무섭지 않았다. 밤에 산에 오를 생각을 미처 못했는데, 데이트하는 연인도 있고 운동하는 사람도 많았다. 심지어 묘지 앞에서 골프연습을 하는 사람도 있었다. 필자는 딸에게 말했다.

"보렴! 밤에 산을 올라올 생각조차 못했는데 별로 어둡지 않지? 갈 길도 환히 보이고, 다른 사람들도 산에 있잖아. 세상일도 마찬가지란다. 한 번도 해보지 않은 탓에 두려워도 일단 시작하면 길이 보이게 마련이란다. 그리고 두려워서 엄두도 못 내는 것을 많은 사람들은 즐기고 있단다."

영업도 마찬가지다. 어렵고 힘들다고 하지만 일단 영업을 시작하면 길이 보인다. 영업이 어렵고 두려워서 엄두를 못 내는 사람들이 있는 반면 영업으로 돈을 벌고 행복을 누리며 신나게 인생을 사는 사람들도 많다. 따라서 무슨 일이든 일단 도전하고 볼 일이다.

18년간의 프로야구 선수생활을 접고 은퇴한 양준혁 선수를 예로 들어보자. 양준혁 선수는 야구의 신 또는 양신으로 불리며, 도루를 제외한 타격 전 부문에서 최다 기록을 보유하고 있다. 프로야구 역사상 홈런을 가장 많이 친 선수지만, 홈런 351개를 치는 동안 삼진 아웃을 906번이나 당했다. 실패가 성공보다 2배 반 정도나 많다. 통산 타율 3할 1푼 6리도 10번 타석에 들어서서 3번 정도 안타를 쳤다는 이야기다. 나머지 7번은 실패했다는 뜻이다. 여기서도 실패가 성공보다 2배 이상 많다.

영업도 마찬가지다. 영업인의 경우도 하루에 10명의 고객을 만나 7

타수	안타	홈런	삼진	타율
7,325	2,318	351	906	0.316

명에게 실패하고 3명에게만 성공해도 연도대상을 받을 수 있다. 문제는 10명을 만나지 않는다는 것이다. 시도하지도 않고, 도전하지도 않으면서 이룰 수 있는 것은 이 세상에 아무것도 없다.

당신은 인생을 주인공으로 살고 싶은가 아니면 엑스트라로 살고 싶은가? 대부분은 주인공으로 살고 싶어 한다. 영화나 드라마를 보라. 엑스트라들은 칼에 살짝 스치기만 해도 죽어야 한다. 안 맞은 것 같은데도 10미터는 날아가서 죽어야 한다. 그러나 주인공은 절대 죽지 않는다. 총에 맞아도, 칼에 찔려도, 낭떠러지에서 떨어져도 살아난다. 분명 죽었다고 생각했는데 다음 회를 보면 멀쩡히 살아 있다.

이것이 무엇을 의미하는가? 총에 맞는 고통, 칼에 찔리는 아픔, 낭떠러지에서 떨어지는 절망감을 모두 이겨내야 비로소 주인공이 된다는 것이다. 어려움이 닥치면 넘어져서 일어나지 못하고, 조금만 섭섭하면 삐쳐서 결근하고, 자존심이 상한다고 포기를 하면 인생에서 결코 주인공이 될 수 없다.

개미형 영업인에서 거미형 영업인으로 바뀌려면 세 가지를 해야 한다고 말했다. 이 세 가지를 실천한다면 영업에서 성공할 것이고, 더 좋은 기회가 당신을 기다리고 있을 것이다.

👉 **오늘 당장 해야할 일**

1. 멘토가 될 사람을 찾는다.
2. 서점에 들러 세일즈 책이나 자기계발서를 산다.
3. 세일즈 기법을 강의하는 곳을 알아보고 교육을 신청한다.

지속적으로 해야 할 일

1. 내가 선택한 멘토의 모든 것을 따라한다.

2. 책을 한 달에 두 권씩 읽는다.

3. 수시로 오프라인 강의나 온라인 강의를 듣는다.

02

운명을 바꾸는 질문을 하라

다음은 앤서니 라빈스가 쓴 《네 안에 잠든 거인을 깨워라》에 나오는 일화다.

다른 이유는 아무것도 필요하지 않았다. 나치들은 단지 스타니슬라브스키 레히가 유대인이기 때문에 찾아온 것이었다. 그들은 그의 집을 급습해서 그의 가족을 모두 잡아갔다. 그러고는 사람들을 소떼처럼 몰아 기차에 태우고 크라코우에 있는 죽음의 수용소로 보냈다. 눈앞에서 가족이 죽어가는 모습을 지켜보아야 했던 그는 밤마다 악몽에 시달렸다. 가스실에서 죽은 아들의 옷가지를 여기저기에서 보는 끔찍한 상황을 어떻게 견딜 수 있었겠는가?

그래도 그는 살아가고 있었다. 어느 날 그는 자신을 둘러싼 악몽 같은 환경을 바라보면서 피할 수 없는 현실에 대항했다. 그는 이곳에 더 머물면 죽을 것만 같았다. 그래서 당장 탈출을 해야겠다고 결심했다. 어떻게 탈출해야 할지는 모르지만 반드시 해야만 한다는 사실만은 알고 있었다.

그다음 몇 주 동안 그는 다른 포로들에게 어떻게 하면 이 끔직한 곳을 탈출할 수 있는지 물어보았다. 하지만 그들의 대답은 항상 똑같았다. "바보 같은 짓 하지 마. 탈출은 절대 불가능해! 그런 생각은 자기 영혼만 괴롭힐 뿐이야. 그냥 열심히 일하고 살아남기를 기도하는 수밖에 없어."

그러나 그는 이 현실을 도저히 받아들일 수가 없었다. 그는 꼭 탈출해야 한다는 강박감에 사로잡혔고, '어떻게 하면 탈출할 수 있을까? 분명히 방법이 있을 거야. 어떻게 하면 이곳에서 살아 나갈 수 있을까?' 를 끊임없이 생각했다. "두드리라. 열릴 것이요" 라는 성경말씀이 있다. 그 덕분인지 모르지만 그는 마침내 답을 얻었다. 그것은 그가 몹시 강렬하게 그런 질문을 했기 때문인지도 모르고, 혹은 "바로 지금이 그때다" 라는 강한 확신을 가졌기 때문인지도 모른다. 아니면 그 불타오르는 한 가지 질문에 집중적으로 초점을 맞추었기 때문인지도 모른다. 어쨌든 인간정신의 위대한 힘이 그를 일깨운 것만은 분명했다.

그 해답은 이상한 방법으로 찾아왔다. 그것은 시체가 썩는 매우 역겨운 냄새였다. 그가 일하는 작업장에서 몇 미터 떨어지지 않은 곳에 남녀노소를 불문하고 가스실에서 죽은 수많은 시체들이 트럭에 던져지고 있었다. 그 시체에서 금니를 빼내고 보석, 옷 등 그들이 가진 모든 것을 벗겨내고 있었다.

그는 '인간들이 어떻게 저토록 비열하고 파괴적일 수 있을까? 어떻게 신은 저런 악마들을 만들어냈을까? 어쩌면 신은 내게 이렇게까지 잔인할 수 있을까?' 라고 한탄하는 대신 '어떻게 하면 이 기회를 이용해 탈출할 수 있을까?' 라는 질문을 던지고, 즉시 답을 얻어냈다. 날이 저물고 인부들이 막사로 들어갈 때 그는 트럭 뒤에 몸을 웅크려 숨었다.

그리고 재빨리 옷을 모두 벗어던지고는 아무도 눈치 채지 못하게 시체 속으로 몸을 숨겼다. 그는 죽은 척하고 움직이지 않았다. 그러자 잠시 후 한 무더기의 시체가 그의 위로 쏟아졌다. 시체 썩는 고약한 냄새가 진동했고, 뻣뻣하게 굳은 시체들이 그를 사방에서 둘러쌌다. 그는 미동도 하지 않은 채 트럭이 출발하기만을 기다렸다. 드디어 트럭의 시동소리가 들렸다. 곧이어 트럭이 덜컹거리며 움직이는 것이 느껴졌다.

그는 죽은 시체더미 속에서 희망이 솟구치는 것을 느꼈다. 마침내 트럭이 멈추고, 엄청난 크기의 구덩이 안으로 수십 구의 시체와 레히가 쏟아졌다. 레히는 어둠이 짙어질 때까지 그 속에서 기다렸다. 레히는 주변에 사람이 없는 것을 확인한 다음 구덩이에서 빠져나와 40km를 벌거벗은 채 달려 자유를 찾았다.

죽음의 수용소에서 탈출한 레히와 거기서 죽은 사람들의 차이는 뭘까? 레히는 살기 위해 끊임없이 질문했고, 결국 답을 찾았다. 부단한 질문이 레히를 죽을 운명에서 살 운명으로 바꾼 것이다. 이처럼 질문은 운명을 바꾸고, 삶을 변화시키는 힘을 지니고 있다. 평소에 수준 있는 질문을 하면 인생의 수준이 높아지고, 훌륭한 질문을 하면 인생이 훌륭하게 풀린다. 그 반대의 경우도 마찬가지다.

은행을 예로 들어보자. 집에서 가장 가까운 은행을 보고 오늘부터 '저 은행을 어떻게 털까?'라고 질문해보라. 그 답을 찾아가다보면 은행 강도가 되어 있을 것이다. 이것은 수준 높은 질문도 아니고, 훌륭한 질문도 아니다. 오히려 파멸로 이끄는 질문이다. 이처럼 어떤 질문을 하느냐에 따라 미래가 달라진다.

어떤 질문을 하느냐는 이처럼 매우 중요하다. 성공하고 싶으면 평소에 질문의 수준을 높여야 한다. 성공한 사람과 실패한 사람의 차이는 어떤 질문을 하고 어떤 답을 얻었느냐에 달려 있다. 성공한 사람은 더 나은 질문을 하고, 그 결과 더 나은 답을 찾은 사람들이었다.

세종대왕은 '어떻게 하면 백성들이 쉽게 글을 배워 자신의 생각과 뜻을 전할 수 있을까?'에 몰두했다. 그 결과 한글이라는 답을 얻었다. 이순신 장군은 임진왜란으로 나라의 운명이 백척간두에 놓인 순간 '이 위기에서 어떻게 하면 나라를 구할 수 있을까?'에 집중해서 답을 찾았다. 그 결과 이순신 장군은 나라의 운명을 바꿔놓았다.

성공한 사업가는 사업 잘 되는 방법을 찾기 위해 질문하고, 훌륭한 부모는 자식이 잘되는 방법을 찾기 위해 질문하며, 훌륭한 정치가는 국민을 위하는 방법을 찾기 위해 질문한다. 그렇다면 어떤 질문이 당신을 성공으로 안내할까? 그리고 어떻게 질문해야 당신의 운명을 바꿀 수 있을까? 다음과 같이 질문해야 한다.

첫째, 긍정적으로 질문하라.

문제가 없는 사람이나 조직은 없다. 문제가 없는 사람은 죽은 사람이고, 문제가 없는 조직은 죽은 조직이다. 가정에 문제가 있다면 가정이 살아 있다는 증거이므로 감사해야 한다. 마찬가지로 아이에게 문제가 있다면 아이가 살아 있기 때문이니 감사할 일이다. 살면서 사업 위기, 부부갈등, 고부갈등, 자식문제, 신체의 질병 등과 씨름하는 것은 살아 있기 때문에 누리는 특권이다.

대부분의 사람들은 문제가 생기면 해결을 위해 노력한다. 당연하다. 그런데 문제해결에 중요한 것 한 가지가 있다. 바로 '질문'이다. 모든 문제는 질문에 따라 다른 결과가 나온다. 질문이 긍정적이면 긍정적인 결과를 얻고, 질문이 부정적이면 부정적인 결과를 얻는다. 훌륭한 질문을 해야 훌륭한 결과를 얻을 수 있다.

문제와 맞닥뜨리면 두 가지 길이 나타난다. 하나는 긍정의 길이고, 다른 하나는 부정의 길이다. 예를 들어보자. 고객이 물건 하나를 사면서 깎아달라고 하거나 샘플을 더 달라고 할 때, 어떤 기분이 드는가?

먼저 부정의 길을 한번 가보자. 다음과 같이 부정적인 질문을 남발한다.

- 뭐 이런 까다로운 사람들이 다 있어?
- 남는 게 뭐가 있다고? 뭘 자꾸 깎고, 더 달라고 하는 거야?
- 하나 사는 주제에 바라는 게 왜 이리 많아?

문제가 발생했을 때, 무의식적으로 짜증이 나면 부정의 길로 들어선 것이다. 이러면 다른 사람을 비난하고 판단하는 데 초점이 맞춰진다. 그리고 모든 것을 자기 입장에서만 바라보게 되어 시야가 좁아진다.

하지만 긍정의 길로 들어선 사람은 다음과 같이 질문한다.

- 저 고객의 요구는 정확히 뭐지?
- 고객의 필요를 어떻게 채워줄 것인가?

- 어떻게 처리하는 게 좋을까?
- 어떤 선택을 하면 더 나을까?
- 지금 내가 할 수 있는 최선의 방법은 뭘까?
- 지금 이 상황을 다르게 볼 수 있는 방법은 없을까?

이런 질문을 하면 더 많은 생각을 하게 되어 사려 깊은 선택을 할 수 있다. 즉 문제해결에 초점을 맞출 수 있다. 고객도 좋고 나도 좋은 방법을 찾을 수 있으니 한마디로 윈윈의 결과를 얻을 수 있다.

문제가 발생하면 의식을 하건 안 하건 긍정의 길과 부정의 길에서 끊임없이 고민하게 된다. 긍정의 길을 선택하면 새로운 길과 가능성을 발견하게 되지만, 부정의 길을 선택하면 실패의 수렁에 빠지게 된다. 그러면 문제가 해결되는 게 아니라 오히려 문제가 커지게 된다.

한 가정을 예로 들어보자.

술주정뱅이 남편, 공부 안 하는 애들, 경제적으로 어려워서 매일 집안이 시끄러운 가정. 부인은 이 모든 원인이 남편에게 있다고 원망한다. 남편만 보면 화가 나고 답답하다. 남편만 정신 차리면 아무 문제가 없을 것 같더니 점차 그 화살이 아이들에게로 날아간다. '남편 복 없는 여자는 자식 복도 없다더니. 애들 하는 짓이 꼭 제 아비를 닮았어'라며 신세한탄을 늘어놓는다.

이 부인은 부정의 길로 너무 많이 들어선 것이다. 부정의 길로 가면 문제해결 방법이 없다. 문제의 원인만 갖고 다투기 때문이다. "당신 때문에 그렇잖아", "당신이 그래서 문제가 커졌잖아!"라는 상황이 벌어지면 결과는 뻔하다. 매일 다투거나 이혼하는 수밖에 없다. 애비 닮은 애들 또한 잘될 리 없고 결국 가정은 수렁에 빠지게 된다.

영업도 마찬가지다. '매출이 없어 힘들다', '돈이 안 되네', '일이 힘들다', '사장이 마음에 안 든다', '팀장이 마음에 안 든다'라는 생각이 들면 부정의 길로 들어선 것이다. 좋은 결과를 얻을 리 없다. 부정의 길로 들어서면 다른 사람에게 도움을 청할 수도 없고 해결방법을 찾을 수도 없다. 부정의 길에서는 문제의 원인이 타인에게 있으니 대화는 온통 다음의 사실들을 증명하느라 소진된다.

- 우리 가정의 문제는 모두 남편 때문
- 우리 회사문제는 모두 사장 때문
- 우리 사이가 이런 것은 모두 너 때문

이런 이유들이 물론 타당할 수도 있다. 술주정뱅이 남편에게 100% 잘못이 있을 수 있고, 직원을 존중하지 않는 사장에게 문제의 원인이 있을 수도 있다. 그러나 부정의 길에서는 문제를 제대로 해결할 수 없다. 그러면 어떻게 해야 부정의 길에서 벗어날 수 있을까? '혹시 내가 부정의 길로 들어선 것이 아닌가?'라고 질문을 해야 한다. 이 부분에서 아주 예민해야 한다. 어떤 상황에 대해 속상하고 기분이 나쁘다면 이미 부정의 길에 한 걸음 들어선 것이다.

필자는 시간에 아주 예민하다. 약속시간에 맞춰 갔는데 약속한 사람이 안 나타나면 슬슬 화가 난다. 그리고 5분, 10분 지나도록 연락이 없으면 기분이 아주 나빠진다. 이럴 때면 '혹시 내가 부정의 길로 들어선 것이 아닌가?'라고 질문을 한다.

아이가 성적표를 가지고 왔는데 성적이 엉망이면 누구나 속이 끓게 마련이다. 이때 다음과 같이 아이에게 퍼붓는 사람이 있다.

"이렇게 공부해서 뭐가 될래? 공부해서 남 주냐? 이렇게 공부해서 밥이나 먹고살겠니?"

이런 부정적인 질문을 쏟아내면 자신은 물론 아이도 기분이 나빠져 분위기가 싸늘해진다. 이럴 때도 '혹시 내가 부정의 길로 들어선 것이 아닌가?'라고 질문해야 한다. 그리고 이와 함께 '이것이 진정 내가 원하는 길인가?'라는 질문도 꼭 해봐야 한다.

모든 사람이 원하는 것은 즐겁고 행복한 가정이다. 따라서 자신이 옳다는 사실, 배우자가 잘못했다는 사실을 증명하는 것보다 더 중요한 것은 문제가 해결되어 가정이 잘되는 것이다. 사람은 누구나 가정이 잘되고, 회사가 잘되며, 친구와의 관계가 개선되기를 원한다. 이때 필요한 것이 부정의 길에서 긍정의 길로 방향을 돌리는 다음과 같은 질문이다.

- 이 술주정뱅이 남편을 달리 생각할 수는 없을까?
- 이 사람에게 뭐가 필요할까?
- 내가 도울 수 있는 방법은 뭘까?

- 어떻게 해야 아이가 공부를 할까?

- 아이가 원하는 것은 무엇인가

- 아이가 잘하는 것은 무엇인가?

- 이 사람에게 무엇이 필요한가?

- 이 사람이 원하는 것은 무엇인가?

- 이 사람은 얼마나 힘들었을까?

- 이 사람에게 나는 어떤 도움을 줄 수 있을까?

자신에 대해서도 마찬가지다. 입사지원서를 아무리 써도 취업이 안 되고, 무슨 일을 해도 안 풀리고, 고객을 만나도 사주는 사람이 없고, 증원을 하려고 해도 할 사람이 없으면 우울해지고 자신감을 점점 상실하게 된다. 속상하고 기분이 꿀꿀해서 살고 싶지 않을 때도 있다. 게다가 다음과 같은 부정적인 질문이 속에서 자꾸만 솟아난다.

- 나는 왜 안 되지?

- 왜 뭐 하나 풀리는 게 없는 거야?

- 물려받을 재산이라도 있다면 얼마나 좋을까?

- 공부를 많이 했다면 얼마나 좋을까?

이렇게 자신이 어리석고, 보잘것없고, 형편없는 사람이라는 생각이 들면 부정의 길에서 헤어나올 수 없다. 이럴 때는 질문을 바꿔야 한다. 질문을 바꾸지 않고 계속 부정적인 질문을 하면 실패의 수렁에 빠지게 되어 무기력증, 스트레스는 물론 스트레스로 인한 질병, 우울증, 비관, 자살로 이어질 확률이 높다.

요즘 들어 왜 자살하는 사람이 많을까? 살아도 희망이 없고 앞이 보이지 않아서일 것이다. 이런 극단적인 선택은 질문을 부정적으로 한 결과다. 이런 경우 부정의 길에서 긍정의 길로 방향을 돌리려면 다음과 같이 질문해야 한다.

- 지금 내가 할 수 있는 일은 무엇인가?
- 내가 할 수 있는 최선의 길은 무엇인가?
- 새로운 방법은 무엇인가?
- 다른 길은 없는가?
- 내가 더 배울 것은 무엇인가?
- 부족한 점을 채우려면 무엇을 해야 하는가?

이런 질문이 떠오르기 시작하면 긍정의 길로 들어선 것이다. 그리고 이런 질문을 하면서 답을 찾아야 한다. 그러나 질문만 하고 답을 찾지 않으면 아무 소용이 없다. 답을 찾았으면, 답이라고 생각하면 실행해야 한다. 아무리 좋은 계획을 가지고 있어도 몸을 움직이는 실행력이 없으면 허망한 백일몽이 된다.

지금 당신은 위기나 걱정거리를 가지고 있는가? 무엇이 당신을 불안하게 하고 속상하게 하는가? 누가, 무엇이 당신을 짜증나게 하는가? 하는 일마다 실패할 수 있다는 두려움 때문에 도전을 망설이고 있는가? 이런 상황에서 지금까지 어떤 질문을 해왔는가? 혹시 부정의 길에서 헤매지는 않았는가?

부정의 길 끝에는 절망과 낙담, 파멸이 기다리고 있다. 이제 질문을 바꿔서 긍정의 길로 들어서야 한다. 그 질문과 그 길에 희망이 있기 때문이다.

둘째, 문제해결에 초점을 맞춰 질문하라.

문제를 해결하려면 질문의 초점이 해결방법에 맞춰져야지 문제에 맞춰져서는 안 된다. 다음은 필자가 쓴 책《성공, 질문으로 승부하라》에 나오는 내용이다.

운동선수 중에는 어려움과 장애를 극복한 사례가 많다. 2008년 베이징 올림픽 기간 중에도 많은 선수들의 감동적인 사연이 세계인의 마음을 울렸다. 그 가운데 나탈리 뒤투아가 있다. 한쪽 다리가 없는 나탈리는 남아프리카 공화국 수영선수로 베이징 올림픽에 출전했다. 나탈리는 6세때 처음 수영장에 가보고 이내 수영에 빠지게 되었고, 10대에는 잘나가는 수영 유망주가 되었다. 수영은 나탈리에게 인생 자체였다.

그러나 17세 때 불행이 찾아왔다. 교통사고를 당해 몇 번의 수술이 있은 후 왼쪽다리 무릎 아래를 잘라내야 했다. 두 팔과 두 다리가 멀쩡해도 만만치 않은데 한쪽 다리로만 올림픽에 나간다는 것은 상상할 수도 없는 일이었다. 수영선수로서의 인생은 끝났다고 절망할 수도 있었다.

하지만 나탈리는 다시 물속으로 들어갔다. 처음엔 25m도 나아갈 수 없었다. 다시 적응하는 데만 몇 년이 걸렸다. 베이징 올림픽을 앞두고 하루 15km씩

훈련했다. 그리고 올림픽 수영 10km 경기에 출전해 25명 중 16위를 했다. 결승선을 들어올 때 관중들은 그녀에게 열광적인 박수를 보냈다. 절단 장애인이 이 종목에 출전한 것은 올림픽 역사상 처음 있는 일이었다. 나탈리는 이미 2004년 장애인 올림픽에서 금메달 5개를 땄다. 이것만으로 충분하다고 만족할 수도 있었다.

그러나 나탈리는 계속 질문을 했다. '어떻게 하면 올림픽에 나갈 수 있을까? 어떻게 하면 정상인과 같이 겨룰 수 있을까?' 그녀는 이 질문에 대한 답을 열심히 찾았다. 그리고 꿈꾸던 올림픽 무대에 당당히 섰다.

만약 다리가 잘린 상황에만 초점을 맞추었다면 나탈리 뒤투아는 국가대표 수영선수가 될 수 없었을 것이다. 하지만 그녀는 '어떻게 하면 국가대표 수영선수가 될 수 있을까?'에 초점을 맞추고 질문했다. 문제 자체에 초점을 맞추면 문제는 해결되지 않고 더 꼬이지만, 해결방법에 초점을 맞추면 해법을 찾을 수 있다.

미국 월가의 시각장애 애널리스트 신순규 씨 사례를 들어보자. 자신의 문제에 주저앉지 않고 끈질기게 해결방법을 찾으려 노력한 신순규 씨의 경험담은 가슴을 뭉클하게 하면서 자신감을 갖게 한다.

"제가 걸어온 길 중에 처음부터 할 수 있겠다고 생각한 것은 하나도 없었습니다."

13일 대전 유성구의 한 호텔 행사장. 미국 월스트리트에서 일하는 시각장애 애널리스트 신순규(45) 씨는 '꿈과 현실, 법과 사람의 마음' 이라는 주제로 강연을 했다.

"장애 때문에 기회조차 얻지 못할 때가 많았어요. 항상 '시각장애인이 할 수 있겠느냐'는 질문을 받았죠. '시각장애인용 프로그램만 있으면 된다'고 했지만 고개를 젓더군요. 책으로 된 보고서를 읽기 위해 한 장씩 뜯어 스캐너에 입력하고 음성 파일로 바꿨어요. 남들보다 두 배의 시간이 들었지만 끈질기게 매달렸어요. 미국 유학, 명문대 진학, 애널리스트⋯⋯."

신 씨는 "장애 여부와 상관없이 본인의 노력과 의지로 사람의 마음을 감동시켜라"고 말했다. 그는 또 "장애인이니까 일을 조금 못해도 된다고 하는 회사는 사정이 어려워지면 장애 직원을 가장 먼저 해고한다"면서 "장애인 고용할당제 등 법과 제도 외에도 장애인에 대한 사람들의 인식을 바꾸는 것은 바로 장애인 스스로의 열정과 의지"라고 했다.

신 씨의 인생은 좌절과 도전의 연속이었다. 그는 선천적 안구 질환으로 9세 때 완전히 시력을 잃었다. 일본 출판사의 점자 악보까지 구해다준 어머니의 권유로 피아노를 배웠다. 신 씨는 서울맹학교에 다니던 15세에 미국 필라델피아로 유학을 가게 되었다. 시각장애 학생 중창단 반주자로 미국 공연을 갔다가 한 선교사의 초청을 받게 된 것이었다.

"점자 악보를 하루 종일 외우는 게 힘들어 피아노가 끔찍하게 싫었는데 피아노 덕에 미국에 갈 수 있게 됐으니 그야말로 새옹지마였죠."

하지만 미국 생활은 녹록치 않았다. 맹학교에 다녔지만 언어가 통하지 않아 우울증까지 생겼다. 처음 미국에 도착해 만났던 데이비드 부부가 그에게 함께 살자고 했다. 뉴저지로 옮긴 신 씨는 일반 고교에 진학했다. 데이비드 부부와 학교 교사들은 신 씨를 친아들처럼 돌봤다. 졸업 당시 학교 성적은 상위권이었고 학생회장까지 지냈다.

그러나 미국 영주권이 없어 대학에 진학하려면 재정증명 서류가 필요했다. 서류가 필요 없는 학교를 찾아보니 아이비리그의 명문대밖에 없었다. 그는 착실히 쌓은 학교 성적과 끊임없는 도전정신을 내세워 1988년 하버드 대학교에 합격했다. 정신과 의사를 꿈꾸며 심리학과에 진학했지만, 다른 사람의 도움 없이 진단을 할 수 있어야 한다고 법이 바뀌어 꿈을 포기해야 했다.

"하지만 애널리스트로서 제약회사에 대한 분석을 할 때 의대 준비를 했던 것이 큰 도움이 되더군요."

대학 졸업 후 학자가 되기 위해 MIT 경영학 석박사 과정에 들어갔다. 그는 성별·인종·장애 등 진입 장벽이 있는 직업을 찾아봤다. 시각장애인 애널리스트는 전무했다. 그래서 '내가 첫 번째 사례가 되자' 고 결심했다. 수십 군데가 넘는 투자은행과 증권회사에 지원서를 냈다. 1주일에 서너 번씩 담당자에게 전화를 걸어 채용 여부를 확인했다. 번번이 거절당하던 끝에 뉴욕의 JP모건에서 연락이 왔다. 신 씨는 "다른 사람을 귀찮게 할 정도의 끈기와 고집이 통했다" 고 했다.

처음에는 인사과에서 인턴을 했다. 한 달 뒤 자금분석팀장이 신 씨에게 면담을 요청했다. "장애에 대한 이야기는 빼고 업무 얘기만 해보자" 고 했다. 한 시간의 면담이 끝나고 신 씨는 애널리스트는 아니지만 대출심사역으로 채용됐다. 이후 4년간 JP모건에서 일했고, 결국 애널리스트의 꿈을 이뤘다. 1998년 그는 미국의 프라이빗뱅크 '브라운 브라더스 해리먼' 에 애널리스트로 채용됐다.

"실현하기 어려워 보이는 꿈을 가지세요. 대신 현실을 정확히 파악하고 몇 배의 노력을 하세요. 무엇보다 지금 당장 좌절을 겪어도 불행해지지 마세요. 무엇이든 언젠

그의 강연은 이렇게 마무리됐다.

출처_ 〈조선일보〉

신순규 씨가 처음 시력을 잃었을 때 문제에 초점을 맞추지 않고 피아노를 배운 것과 장애 때문에 기회조차 얻을 수 없을 때 절망하지 않고 인사담당자에게 끊임없이 전화를 해 기회를 얻은 것 등은 해결방법에 초점을 맞추고 "이 순간 내가 할 일은 무엇인가?"라고 질문했기에 가능한 일이었다.

'왜 하필 나지?', '내가 뭘 잘못했냐고?', '내가 하는 일이 뭐 잘되는 일이 있겠어?'와 같이 문제에만 고착된 질문을 했다면 그는 결코 성공할 수 없었을 것이다. 이런 질문을 하면 할수록 문제는 점점 더 꼬이고 희망은 사라진다. 문제가 발생하면 다음과 같이 문제를 해결할 방법을 찾으려고 질문해야 한다.

- 지금 내가 할 수 있는 일은 무엇인가?
- 이번 실패에서 내가 얻은 것은 무엇인가?
- 이 실패를 거울삼아 내가 할 수 있는 일은 무엇일까?
- 다음에는 어떻게 하면 성공할 수 있을까?
- 더 좋은 다른 방법은 무엇일까?

이처럼 문제에 초점을 맞추지 않고 해결방법에 초점을 맞추어야 문제를 해결할 수 있다. 앞에 사례로 등장했던 레히를 생각해보라. 그도 문제해결에 질문의 초점을 맞추었고 그것이 레히의 운명을 바꾼 것이었다.

셋째, 성공한 사람에게 질문하라.

단체로 산행을 가면 중도에 포기하고는 "난 여기서 기다리고 있을게. 올라갔다 와"라는 사람이 있다. 정상까지 올라갔다 내려오면 그 사람이 기다리고 있는 경우는 거의 없다. 그 사람은 어디로 갔을까? 대개는 이미 산 아래로 내려가서 애초에 등산을 포기했던 사람과 함께 동동주에 파전을 시켜 먹고 있다.

애초에 등산을 포기했던 사람이 중간에 포기하고 내려온 사람에게 "산 어땠어?"라고 묻는다. 그러면 중간에 포기하고 내려온 사람은 "아유, 안 가길 정말 잘했어. 힘들어 죽는 줄 알았어"라고 답한다. 그러나 산 정상을 밟고 온 사람에게 물어보면 "왜 안 올라갔어? 얼마나 좋은데"라고 답한다.

이렇듯 누구에게 질문하느냐에 따라 답은 큰 차이가 난다. 중간에 포기한 사람이나 실패한 사람에게 질문을 해봤자 답을 얻지도 못할 뿐더러 열정만 떨어진다. 공부 잘하는 법을 알려면 공부 잘하는 학생에게 질문해야지 공부 못하는 학생에게 질문해봤자 정답을 얻을 수 없는 것과 같다.

마찬가지로 영업을 처음 시작하는 사람은 반드시 영업으로 성공한 사람에게 질문해야 한다. 실패한 사람에게 질문을 하면 "영업은 어려워. 나도 그만두려고 해. 돈벌이가 안 되거든"과 같은 답을 얻는다. 그러나 성공한 사람은 성공비법을 알려준다. 성공하고 싶으면 성공한 사람에게 물어보라.

앞에서 멘토를 정하라고 했다. 멘토를 직접 만나 성공하는 방법을 질문해야 한다. 어떻게 고객을 만나는지, 어떤 방법으로 상품을 설명하는지, 고객관리는 어떻게 하는지 등을 질문하며 답을 찾다보면 성공의 문으로 들어갈 수 있다.

필자가 보험영업을 할 때 영업소에 전국에서 실적이 가장 좋은 분이 있었다. 먼 지방에서 어떤 사람이 찾아와 1주일 동안 그 사람을 따라다니며 영업을 배우는 것을 본 적이 있다. 그런 열정과 탐구야말로 성공의 거름이 된다.

넷째, 끈질기게 질문하라.

긍정적인 질문을 하든 해결방법에 초점을 맞추는 질문을 하든 끈질기게 하는 게 중요하다. 왜 그럴까? 모든 질문에는 답이 있기 때문이다. 피터 드러커는 《프로페셔널의 조건》에서 성과를 올리는 사람은 따로 존재하는 것이 아니라 끊임없이 노력하는 사람이라고 했다.

성과를 올리는 사람들 가운데는 외향적인 사람도 있지만 내향적이거나 사교성이 없는 사람 또는 수줍음을 심하게 타는 사람도 있다. 괴짜가 있는가 하면 애처로울 정도로 꼼꼼한 순응주의자도 있다. 늘 걱정이 끊이지 않는 사람이 있는가 하면 만사에 천하태평인 사람도 있다. 매력이 넘치고 포근한 사람이 있는가 하면 냉동 고등어처럼 차가운 사람도 있다.

그들 가운데는 '리더'라고 부르기에 적합한 유형의 사람들이 있다. 반면 전혀

주의를 끌지 못하는 특색 없는 사람도 있다. 학자풍의 사람, 진지한 학생 같은 사람, 제대로 공부를 하지 않은 사람도 있다. 어떤 사람은 다양한 분야에 관심을 가지고 있지만, 어떤 사람은 자신의 좁은 영역 외에는 아무것도 모르거나 관심조차 기울이지 않는다. 자기중심적이고 이기적인 사람이 있는가 하면 넓은 가슴과 포용력을 지닌 사람도 있다.

그러나 성과를 올리는 사람들의 공통점은 자신의 능력과 존재를 성과로 연결시키기 위해 끊임없이 노력하는 실행능력을 가지고 있다는 것이다.

끊임없이 노력한다는 것은 끊임없이 질문하며 답을 찾아가는 과정을 의미한다. 많은 사람들이 운명은 타고난다거나 고칠 수 없다고 말한다. 그러나 끈질기게 질문하며 자신의 운명을 개척한 사람도 많다. 다음은 〈조선일보〉 기사를 부분 인용한 것이다.

공장 근로자 → 건설 노무자 → 운전기사 → 보일러공 → 은행 창구 직원 → 지점장. 기업은행 지점장이 된 이철희(53) 씨의 영화 같은 인생 역정이다.

"하나를 이루고 나니까 다른 꿈을 꾸게 되더군요."

축하 인사를 건네자 180cm가 넘는 이 씨가 멋쩍게 웃었다. 전남 영암 출신인 그는 1974년 중학교를 졸업한 뒤 무작정 상경했다. 플라스틱 공장에서 일하고, 아파트 공사판에서 등짐을 지면서 기술을 배워야겠다고 마음먹었다. 그래서 점심시간을 활용해 운전학원을 다녔다.

행운의 여신이 그에게 손을 내민 것은 1983년. 기업은행에 운전기사로 취직했다. 당시 현대자동차에서 만든 승용차로 임원들을 모셨다. 월급은 15만 원.

그는 "운전 일을 7년간 하면서 공사판과는 비교할 수 없을 정도로 편하다고 생각했지만, 양복 입은 은행원들을 모시면서 항상 부러운 맘이 드는 건 어쩔 수 없었다"라고 말했다.

평생 운전만 할 순 없을 것 같아 열 관리 자격증을 땄다. 운전대를 놓은 뒤 한 은행의 한 지점에서 8년간 보일러공으로 일했다. 매일 보는 은행원들이 부러워 자청해서 지점 잡무를 도왔다. 뭐든 해야겠다는 생각에 야간 전문대도 다녔다. 선물거래 상담사, 금융자산 관리사 같은 금융 관련 자격증 9개를 따고, 어깨너머로 은행 업무를 익혔다. '오늘 행복하게 살자'는 생각 대신 '오늘 하나라도 이루고 살자'라는 마음이었다.

마흔세 살이던 2002년, 행운의 여신이 또 손짓을 했다. 금융 자격증을 많이 딴 그에게 은행 업무를 맡기기 시작한 것이다. 처음엔 어음 교환이나 서무 일을 맡겼는데 일처리를 야무지게 하자 주변에서 그를 창구 직원으로 발령해달라고 본점에 건의했다. 은행 밥을 먹은 지 20년 만의 일이었다. 그는 진짜 은행원이 됐다는 생각에 잠을 못 이뤘다.

그는 "나이 든 사람이 은행 창구에 앉아 살갑게 말을 붙이니까 손님들이 더 좋아하더라" 하고 말했다. 작년엔 아파트 담보대출을 해준 기업의 간부가 회사의 자금 거래를 몽땅 이 씨에게 몰아줬다. 이 씨의 노익장에 감탄해서다. 덕분에 다른 은행에 입금돼 있던 500억 원 정도의 예금을 새로 유치했다.

이 씨는 지난 1월 부지점장으로 승진한 데 이어 6개월 만에 지점장으로 고속 승진했다. 파격적인 인사였다. 그는 승진을 하면서도 보일러공 일은 본인이 직접 했다. 은행 문이 열리기 2시간 전에 출근해 보일러를 관리하는 일로 하루를 시작했다. "뭘 그런 일을 다 하느냐"는 말도 들었다. 그는 "열심히 해야 앞으로도 나 같은 사람이 많이 나오지 않겠느냐는 생각으로 일했다" 고 말한다.

　이철희 지점장이야말로 운명을 개척한 사람이다. 이 기사를 읽다보면 이 지점장이 얼마나 많은 질문을 했는지 알 수 있다. 그는 일단 긍정적인 질문을 했고, 문제해결을 위해 질문했으며, 답을 얻을 때까지 계속 질문했다. 더 나은 인생을 살기 위해 더 나은 질문을 하는 것을 멈추지 않았다. 그리고 결국 운명을 바꿨다. 이것이 바로 질문의 강력한 힘이다.

　총각네 야채가게를 대규모 농산물 판매기업으로 성장시킨 이영석 대표의 《인생에 변명하지 마라》에도 질문이 얼마나 중요한지 나와 있다.

직원을 채용할 때 나는 그들에게 먼저 질문을 하라고 한다. 여기서 재미있는 건 그들의 질문에서 그들의 마음을 알 수 있다는 것이다. 질문 내용만 봐도 성공 가능성이 있는 친구인지 아닌지, 똥개로 사는 사람인지 진돗개로 사는 사람인지 알 수 있다.

똥개 마인드로 사는 사람들은 이렇게 질문한다.

"월급은 얼마죠? 쉬는 날은 언제예요? 주 5일제인가요? 휴가는 어떻게 사용하나요?"

반면 진돗개 마인드로 사는 사람들은 이렇게 질문한다.

"여기서 몇 년을 배워야 독립할 수 있나요? 과일 고르는 법은 언제부터 배울 수 있어요?"

질문에 따라 인생이 바뀐다. 훌륭한 질문을 해야 훌륭한 인생을 살수 있다. 여기서 훌륭한 질문이란 긍정적이고, 해결방법에 초점을 맞추며, 성공한 사람에게 질문하고, 끊임없이 질문하는 것이다. 지금까지 운명을 바꾸는 질문법에 대해 알아봤다. 당신의 머릿속에는 어떤 질문이 떠오르는가?

🌾 오늘 당장 해야 할 일

1. 지금 나의 문제가 무엇인지 적어본다.

2. 지금 내 문제를 해결하기 위해 무엇을 할 수 있는지 적어본다.

3. 문제를 해결하기 위해 어떤 일을 할지 구체적인 계획을 세워본다.

🌾 지속적으로 해야 할 일

1. 긍정적인 질문을 하려고 항상 노력한다.

2. 해결방법에 초점을 맞춘 질문을 습관화한다.

3. 평소 하는 질문을 관찰하고 질문의 수준을 높이기 위해 노력한다.

03

시간을 지배하라

다음의 말 중에서 당신이 자주 하는 말이 몇 가지인지 살펴보라.

- 지금 꼭 해야 해?
- 이따가 할게.
- 서두르지 마.
- 시간은 많아.
- 나중에 해도 돼.
- 내일부터 할 거야.
- 다음에 하지 뭐.
- 아직은 시간 많아.
- 언젠가 할 거야.
- 닥치면 하게 돼 있어.

이것은 시간관리를 못하는 사람들이 자주 사용하는 말들이다. 만약 당신이 이런 말들을 자주 사용하고 있다면 시간을 효율적으로 사용한다고 볼 수 없다.

가정에서 많이 기르는 관상어 중에 '구피'라는 물고기가 있다. 다 자라도 어른 손가락 크기를 넘지 못하는 이 작은 물고기가 생존과 번식을 위해서 변화하는 모습을 보면 느끼는 게 많다. 팀 하포드가 쓴 《어댑트》에는 존 엔들러라는 진화학자가 구피를 연구한 사례가 나와 있다.

존 엔들러는 1970년대에 열대어 구피를 처음 연구하면서 흥미로운 패턴을 발견했다. 폭포 아래 웅덩이에 사는 구피들은 색이 단조로운 반면 상류 웅덩이에 사는 구피들은 색이 매우 화려했다. 엔들러는 그 원인을 다음과 같이 가정했다.

구피는 폭포를 거슬러 상류로 헤엄쳐 갈 수 있다. 하지만 하류에는 구피를 잡아먹는 파이크 시클리드가 산다. 그래서 하류에 사는 구피는 위험한 환경에 몸을 위장할 수 있도록 단조로운 몸 색깔로 변했다. 반면 상류의 구피는 폭포 덕분에 파이크 시클리드의 위협이 없는 안전한 낙원에서 살 수 있었다. 따라서 이성의 관심을 끄는 데 효과적인 화려한 색깔을 띠게 되었다.

엔들러는 좀 더 통제된 환경에서 이 가설을 실험해보기로 하고 넓은 온실 안에 구피 연못 10개를 만들었다. 어떤 연못에는 바닥에 조약돌을 깔고 다른 연못에는 더 고운 모래를 깔았다. 그리고 몇 개의 연못에는 위험한 파이크 시클리드를 풀고 나머지 연못에는 그보다 순한 포식자를 집어넣거나 아예 포식자를 집어넣지 않았다.

그러자 14개월 후 10세대가 지나면서 구피 개체들이 환경에 적응하기 시작했다. 위험한 연못에서는 가장 단조로운 색깔의 구피들만이 살아남아 번식을 했다. 뿐만 아니라 구피의 위장술은 연못의 환경과 일치해 조약돌을 채운 연못에서는 큼직큼직한 무늬의 구피가, 고운 모래를 깐 연못에서는 자잘한 무늬의 구피가 나왔다. 이보다 안전한 연못에서는 화려한 색깔의 구피들이 새끼를 더 많이 나왔는데 암컷 구피들은 알록달록한 반점무늬의 수컷에 더 끌리는 듯 했다.

엔들러 교수의 구피 실험은 진화생물학을 재해석한 것으로 파이크 시클리드의 등장과 같은 위기 상황에서 개체가 어떻게 적응하는가를 보여주는 놀라운 사례다. 적응은 신속했을 뿐만 아니라 상황에 따라 민감하게 이루어졌다.

이것을 사람의 경우로 대치시켜보자. 사람은 구피보다 나은 존재일까 아니면 못한 존재일까? 영업 환경은 점점 나빠지고 있다. 경기 침체로 다들 힘든데다 경쟁 상대는 점점 늘어나고 있다. 이럴 때 그냥 주저앉는다면 구피만도 못한 인생이 된다. 어려울 때 변화할 수 있는 사람만이 생존과 번영을 누릴 수 있다. 그 변화를 시간관리에서부터 시작해보자.

성공하는 사람에게는 두 가지 능력이 있다. 자기관리 능력과 대인관계 능력이다. 시간관리는 곧 자기관리다. 자기관리는 숫자와 하는 싸움이다. 숫자 싸움에서 이기는 사람이야말로 자기관리를 잘하는 사람이다.

가령 '아침 6시에 일어나서 운동을 하겠다'라고 결심했지만, 못 일어난 사람들은 숫자 6에게 진 것이다. '이번 달에는 계약 20건을 달성하겠다'라고 목표를 세웠지만, 달성하지 못했다면 숫자 20에 진 것이다. 숫자 중에서도 특히 시계에 표시되어 있는 숫자와의 싸움에서 승리하면 성공은 따논 당상이다.

학교 다닐 때를 한 번 떠올려보라. 시험공부를 하다 보면 10시부터 졸리게 마련이다. '일찍 자고 새벽 3시쯤 일어나 공부를 해야지'라고 결심하고 잤다가 아침까지 잔 경험들이 제법 있을 것이다. 그러고 나면 짜증이 난다. 숫자에 졌기 때문이다. 성공한 사람이 성취한 것은 어느 날 갑자기 얻어진 것이 아니다. 똑같이 주어진 24시간을 아끼고, 꾸준히 노력한 결과다.

잠깐 가슴에 손을 얹고 가만히 생각해보라.

당신은 마감을 맞추기 위해 열심히 일하는가 아니면 특별한 판촉시책이 걸려야 열심히 일하는가? 상사의 압박이나 독촉이 있어야 움직이는 편인가 아니면 올해의 목표, 이 달의 목표, 자신만의 인생목표가 있고 구체적인 실천계획이 있어서 자율적으로 움직이는가?

이 대답에 따라 지금은 같은 일을 하고 있지만, 시간이 지날수록 차이가 날 수밖에 없다.

가계부를 쓰면 돈을 절약할 수 있다. 쓸데없는 지출을 반성하고 우선순위를 세워 계획적으로 지출을 조절하기 때문이다. 시간도 마찬가지다. 시간관리를 잘하는지 따져보려면 먼저 시간사용내역서를 적어보라. 이것을 쓰다보면 시간을 얼마나 낭비하는지 한눈에 알게 되어 시간 낭비를 줄여준다. 일어나서 잠자리에 들 때까지 하루 종일 무엇을 했는지 1주일만 적어보라. 당신은 시간을 얼마나 알차게 보내고 있는가?

하루는 24시간이다. 사람마다 차이는 있겠지만, 평균 8시간을 자는 데 쓴다. 그러면 16시간이 남는다. 가정주부라면 밥하고, 빨래하고, 남편과 자녀를 건사하는 데 5시간 정도면 충분하다. 그러면 11시간이 남는다. 11시간은 온전히 나를 위해 쓸 수 있는 시간이다. 이 시간을 어떻게 사용하느냐에 따라 실패와 성공이 갈린다.

당신이 어제 사용한 시간을 곰곰이 생각해보라.

현재 하고 있는 일을 위해 몇 시간을 투자했는가? 미래를 위해 자기계발에 얼마나 시간을 투자했는가? 고객을 만나는 데 몇 시간을 투자했는가? 증원을 위해 얼마나 투자했는가? 책을 읽은 시간이 얼마나 되는가? 텔레비전은 몇 시간을 봤는가? 무의미하게 잡담을 하며 보낸 시간은 얼마나 되는가?

필자는 강의를 다니며 온전히 고객을 만나는 시간이 얼마나 되는지 묻는다. 그러면 여성들은 대개가 두세 시간이라고 답한다. 그러면서 영업은 돈이 되느니 안 되느니 불평을 한다. 하루에 두세 시간 일하면서 많은 돈을 벌 수 있는 곳이 어디에 있는가.

파출부나 식당에서 일하는 사람들은 하루에 10~12시간을 일하고, 100만~150만 원의 월급을 받는다. 정규직에 근무하는 사람들도 하루 8~10시간씩 일하고, 평균 200만~400만 원을 받는다. 그렇다면 두세 시간 일하고, 40만~50만 원을 받으면 보통 수준 아닌가? 급여라는 것은 일한 만큼 받는 것이다. 일은 적게 하면서 급여는 많이 받으려는 것은 지나친 욕심이다.

아래의 표를 살펴보자. 영업인이 하는 일은 크게 4가지로 나눌 수 있다. 이 표는《성공하는 사람들의 7가지 습관》에 나오는 시간 매트릭스를 응용한 것이다.

	긴급함	긴급하지 않음
중요함	I 주문배달 고객 불만 처리 매출/수금 마감 맞추기 증원목표 달성하기	II 평소 고객관리 평소 증원관리 자기계발 교육/독서 운동/건강검진
중요하지 않음	III 교육 중 전화 일부 회의 너무 많은 모임 불시 방문객	IV TV 시청/수다 상습적인 음주/도박/쇼핑 지나친 게임 지나친 취미활동 빈둥거리기

그 각각에 해당하는 일을 살펴보자.

먼저 (Ⅰ)긴급하고 중요한 일이다. 가령 마감시간에 맞춰 계약 넣기, 급하게 수금하기, 증원 행사할 때 적합한 증원 대상자 찾아보기, 고객 불만 처리하기, 반품요구 처리하기 등이 여기에 해당된다.

마감이 코앞인데 매출 목표를 달성하지 못했다고 생각해보라. 마감 전까지 책임량을 다하지 않으면 매니저의 잔소리에 시달려야 한다. 그리고 그로 인해 자신의 조직이 불이익을 받는다면 무슨 망신인가? 마찬가지로 팀에서 조직원을 늘리기 위해 증원행사를 한다고 한 사람씩 데려오라는데 마땅한 사람이 없다고 생각해보라. 그만둔다면 모를까 이것도 스트레스다.

많은 영업인들이 이런 문제로 결국엔 영업을 그만둔다. 문제 수습과 단기 성과 위주로 영업을 하면 금방 지치기 때문에 오랫동안 영업을 할 수 없다. 그래서 영업인은 (II)긴급하지 않지만 중요한 일에 초점을 맞추어야 한다.

(II)긴급하지 않지만 중요한 일은 미리 준비하고 예방하는 것을 말한다. 평소 고객관리하기, 평소 증원 대상자를 골라 관리하기, 월초에 어느 정도 매출을 만들어놓기, 인간관계 미리미리 맺어놓기, 세일즈 기법 익히기, 제품 공부하기, 다른 회사 제품 공부하기 등이 여기에 속한다.

코앞에 있는 문제를 해결하기 위해 정신없이 동분서주하지 않으려면 예방과 준비는 필수다. 평소에는 고객관리를 하지 않다가 아쉬울 때만 불쑥 찾아간다면 누가 좋아하겠는가? 이 책을 읽는 당신도 지금 미래를 준비하고 있지 않은가? 교육은 지금 당장 급한 것은 아니지만, 미래를 위해 준비하고 투자하는 중요한 일이다.

증원도 마찬가지다. 당신은 매출보다 증원에 더 많은 시간과 노력이 들어간다는 것을 알고 있을 것이다. 증원은 단기간에 이루어지지 않는다. 증원 행사를 한다고, 증원에 시상이 걸렸다고 갑자기 대상을 만들 수는 없다. 모든 일이 마찬가지지만 영업도 이처럼 꾸준한 준비가 필요하다. 준비하는 영업인만이 탁월한 성과를 낸다.

(Ⅲ)긴급하지만 중요하지 않은 일은 갑작스러운 전화나 약속, 예기치 않은 지인의 방문, 일부 회의 등을 말한다. 이런 일에 많은 시간을 소비하는 사람은 영업할 자격이 없다. 비단 영업뿐이겠는가? 어떤 일도 제대로 할 수 없다.

어느 방판조직에서 강의할 때의 일이다. '아침에 출근 시 시어머니 방문'을 긴급하지만 중요하지 않은 일의 예로 들면서 "시어머니가 방문한 것은 급한 일일 수는 있지만, 중요한 일은 아닙니다"라고 했더니 한 분이 역정을 내시며 따졌다. "왜 시어머니 방문이 중요한 일이 아니냐?"라고.

필자가 방판조직을 관리했을 당시 시어머니가 오시는 날이면 아예 결근을 하는 직원이 있었다. 그래서 시어머니가 보통 몇 시쯤 오시냐고 물었다. 그랬더니 오후 3시쯤 오신다고 했다. 그럼 조회는 참석할 수 있지 않냐고 했더니 청소를 해야 한다며 안 된다고 딱 잘랐다. 이처럼 일의 경중을 구별하지 못하면 성공하기 어렵다.

(Ⅳ)긴급하지도 중요하지도 않은 일에는 쓸데없는 수다, 지나친 쇼핑, 노름, 일부 전화, 지나친 오락, 지나친 취미활동 등이 속한다. 이런 일에 많은 시간을 허비하는 사람은 무책임한 사람이다. 이런 사람은 제대로 직장생활을 할 수가 없고, 의식주 또한 다른 사람이나 다른 기관에 의존할 확률이 높다.

현대인들은 항상 시간에 쫓긴다. 그렇다면 어떻게 해야 시간의 굴레에서 해방될 수 있을까? 다음과 같은 방법이 있다.

① **하루를 리허설해보라.**

시간과의 관계에서 주도적 입장에 서면 스트레스를 덜 받을 수 있다. 인간은 예측할 수 없는 상황에 처했을 때 심한 스트레스를 받는다고 한다. 이와 관련해 많은 심리학자와 뇌 과학자들이 추천하는 방법이 바로 리허설(예행연습)이다. 출근길에 지하철이나 버스, 업무를 시작하기 전에 잠시 짬을 내서 해도 좋다.

리허설은 아주 간단하다. 먼저 눈을 감고 불필요한 외부 정보를 차단한다. 그리고 자신이 해야 할 일을 하나씩 떠올려보고, 우선순위를 정한 후 하루를 어떻게 보낼 것인지를 상상(시뮬레이션)하면 된다.

리허설의 효과는 의외로 강력하다. 하루 일과가 익숙해지고 여유롭게 전개된다. 이는 예측에 따른 통제감의 향상 때문이다. 급한 일이 있기 며칠 또는 몇 주 전에 미리 준비하는 것도 시간에 쫓기지 않고 사는 데 도움이 된다.

② **자투리 시간을 활용하라.**

3일간 자신이 활동한 일지를 써보라. 시간대별로 소소하게 잡담을 한 시간까지 따져보면 의외로 자투리 시간이 많고, 패턴화되어 있다는 것을 알 수 있다. 미리 그 시간에 할 일을 정해놓으면 시간 활용이 편해진다.

③ **'놀기 먼저 계획표'를 만들어라.**

당신은 혹시 아이들과 놀아주겠다고 해놓고 "시간이 나면……" 이라는 말만 되풀이하지 않았는가? 그런 식으로 하면 결코 여유로운 시간은 생기지 않는다. 시간관리에 능한 사람은 즐길 줄 아는 사람이다. 따라서 미리 노는 시간을 정해놓을 필요가 있다.

미국의 심리학자 닐 피오레 박사는 '놀기 먼저 계획표' 란 개념을 만들었다. 이 계획표에는 친구, 가족과의 모임이나 취미활동, 운동 등 남는 시간에 할 일로 여겨지던 것들을 당당히 '정규 계획' 으로 집어넣는다. 이렇게 하면 업무를 정해진 시간 안에 끝내게 되고, 시간이 없다는 핑계를 대지 않고 여가를 즐길 수 있다.

④ **현재를 잡아 인생의 시간을 늘려라.**

앞서 설명한 것처럼 시간의 속성을 알면 시간이 느리게 가도록 할 수 있다. 그 중에서도 가장 중요한 것이 현재를 만끽함으로써 인생의 시간을 늘리는 것이다. 지루할 때는 시간 자체에만 집중을 하기 때문에 시간이 느리게 가는 것처럼 느껴진다. 이것을 거꾸로 이용하면 시간의 길이를 늘릴 수 있다. 고래가 숨쉬러 수면에 올라오듯 집중하는 외중에도 가끔씩 시간의 흐름을 살펴보라. 그러면 기쁨의 순간을 늘릴 수 있다.

현실에 대해 집중력을 높이는 것도 중요하다. 상념에 잠겨 있을 때 당신의 뇌는 끊임없이 과거에 대한 회상과 미래에 대해 걱정한다. 그때 현재는 조연으로도 등장하지 않는다. 따라서 깨어 있어야만 현재의 시간을 연장할 수 있다. 또한 기회가 있을 때마다 호기심을 가지고 새로운 것들, 즉 여행이나 새로운 배움으로 시간을 채워보라. 사람들은 나이가 들수록 이전에 하던 것들만 반복한다. 기억에 남을 만한 일이 적어지면 시간이 더 빨리 가는 것처럼 느껴진다. 현재에만 매몰되지 말고 장기적 관점을 가지는 것이 필요하다. 인생의 굵직한 방향을 정하면 매일매일을 어떤 것들로 채워야 할지를 분명히 알 수 있다.

출처_〈동아일보〉

시간을 효율적으로 쓰는 사람들은 목표가 있고, 구체적인 계획이 있다. 하지만 계획을 하나하나 실천하려면 꼼꼼한 시간관리가 필요하다. 목표와 계획이 없으면 하루하루를 즉흥적으로 살게 된다. 친구가 영화를 보자고 하면 영화 보러 가고, 친구가 커피를 마시러 가자고 하면 커피 마시러 가고, 이런저런 일도 없으면 집에서 텔레비전 보고……. 이렇게 무의미한 인생을 사는 것은 자신의 귀한 인생에 너무 무책임한 것이다.

목표가 없고 계획이 없는 영업인들은 하루하루가 답답하다. 조회가 끝났는데 갈 곳이 없다. 성공한 영업인들은 한 달 목표가 있고, 이것을 주별, 일별로 나눈 목표가 있다. 그리고 매일 누구를 만나고, 누구와 상담하는 등 일정이 빼곡하다. 영업으로 성공하려면 먼저 시간관리를 통한 자기관리에 철저해야 한다.

오늘 당장 해야 할 일

1. 하루 시간사용내역서를 작성해보자.

2. 중요하지 않은 일에 몇 시간을 사용했는지 살펴보자.

3. 앞으로 한다면 인생에 큰 도움이 될 만한 것이 무엇인지 생각해보자.

지속적으로 해야 할 일

1. 주간계획표를 작성하여 활동하자.

2. 목표가 있어야 시간을 효율적으로 사용한다. 목표가 있는 삶을 살자.

3. 텔레비전 보는 시간을 최소화한다.

4. 자투리 시간을 잘 활용하려고 노력한다.

04

목표가 이끄는 삶을 꿈꿔라

성공한 사람들의 가장 큰 특징은 커다란 목표가 있었다는 것이다. 다른 사람들이 다소 허황되다고 여겼던 꿈을 품었던 사람들이 결국 에는 성공적인 삶을 살았다. 존 맥스웰이 쓴《리더의 조건》에는 파파 존스 피자를 창업한 존 슈내터의 일화가 나온다.

"22살 때 피자사업에 대한 내 꿈을 늘어놓자 사람들은 내가 미쳤다고 생각했 다. 상인이든 은행이든 심지어 몇몇 친구들까지도 내가 매달 대여섯 개의 점 포를 새로 개점할 거라고 말했더니 다들 웃기만 할 뿐이었다."

하지만 존 슈내터는 창업한 지 7년 만에 점포를 46개로 확장했고, 그 이후 7년 동안에 46개에서 1,600개로 늘리는 대기록을 세웠다.

어찌어찌 하여 성공하는 경우는 없다. 어느 분야에서건 탁월한 성

과를 내는 사람들은 자신만의 목표를 향해 온힘을 다해 매진한 사람
들이었다. 아직 큰 성공을 거두었다고 말할 수는 없지만, 필자도 꿈만
같았던 전문 강사의 길로 들어서기 위해 목표를 갖고 꾸준히 준비를
해왔다.

이 시점에서 잠깐 나의 과거로 돌아가보자.

나는 대학을 졸업하고 나서 곧바로 취직을 하지 못했다. 그래서 일
단 먹고는 살아야 겠다는 생각에 보험회사에 들어갔다. 대학 졸업한
놈이 보험회사에 들어갔다니까 주위에서는 영업소 소장 정도는 되는
줄 알았지만, 실제로는 보험설계사에 지나지 않았다.

자격 시험을 보고 상품 교육을 받고 이틀 정도 선배들을 따라다니
다 3일째부터는 혼자 나가야겠다는 생각이 들었다. 어디로 가야 할지
막막하고 고민스러웠지만, 고향인 용인으로는 가기가 싫었다. 더구
나 아는 사람에게 보험 하나 들어 달라고 찾아가는 것이 내키지 않았
다. 대학을 나와 보험영업을 한다는 것이 창피했다.

그래서 선택한 곳이 용인에서는 멀고 수원에서는 가까운 오산이었
다. 2월 말이라 날씨가 쌀쌀했다. 수원역 앞에서 오산 가는 버스를 탔
다. 자리에 앉아 가방을 무릎 위에 올려놓고 차창 밖을 쳐다보는데 신
세가 너무 처량했다. '보험영업이나 하려고 대학을 나왔나?'라는 생각
에 마음이 울컥했다. 그때 결심했다. '그래, 이게 끝이 아니다. 난 진짜
멋진 인생을 살 거야!'라고.

가장 먼저 찾아간 곳은 화성군청이었다. 그 당시 화성군청은 오산
에 있었다. 앞쪽에 민원실이 있는 건물이 한 동, 뒤쪽에 3층짜리 건물

이 한 동으로 구성되어 있었다. 먼저 뒤쪽에 있는 건물로 가서 영업을 하기로 마음 먹었다. 1층에서 출입문을 열고 들어가야 하는데, 도저히 문을 열고 들어갈 자신이 없었다.

그래서 2층으로 올라갔다. 2층에서도 문을 열고 들어갈 자신이 없어 다시 3층 총무과로 올라갔다. 막다른 길에 들어섰는데도 출입문을 열고 들어갈 수가 없었다. 화장실로 가서 거울을 보고 넥타이를 만지고 머리를 정돈하는 등 괜히 시간을 끌며 마음을 다잡았다. 다시 총무과 앞에 섰다.

그런데 역시나 문을 열고 들어갈 용기가 나지 않았다. 문이 열려 있어 사무실 안을 볼 수만 있다면 상황 판단을 하고 들어갈 텐데, 겨울이다 보니 문이 닫혀 있었다. '여기서 문을 열고 들어가지 못하면 더 이상 보험영업을 할 수 없다. 내일부터 출근하지 말아야 한다'라며 한참을 망설이는데 직원으로 보이는 분이 나오면서 어떻게 왔냐고 물었다. "아, 예. 그냥 뭐……"라고 대충 얼버무리고 말았다.

그렇게 총무과 앞에서 30분 정도를 망설이다가 간신히 문을 열고 안으로 들어갔다. 사무실은 조용했다. 조용하니 더 주눅이 들었다. 아무 말도 못하고 명함을 붙인 안내장을 한 사람 한 사람에게 건네고는 돌아서서 나왔다. 내게 말을 거는 사람은 아무도 없었다. 그렇게 화성 군청을 돌아다녔지만 계약은 한 건도 못했다.

다음 날은 안성으로 갔다. 날씨는 여전히 쌀쌀했다. 버버리 코트로 무장하고 버스를 타고 가는데 마음이 무거웠다. '오늘은 한 건이라도 해야 하는데……'라고 생각하면서 안성터미널에서 내렸다. 그리고 걸어서 안성군청을 찾아갔다. 머릿속은 온통 '오늘은 무슨 일이 있어도 계약을 따내야 하는데……'라는 생각뿐이었다.

터미널은 안성 초입에 있었는데 안성군청은 안성 읍내를 다 지나 산중턱에 있었다. 한참동안 계단을 올라 안성군청으로 들어섰다. 그리고 군청 건물 맨 꼭대기인 5층까지 올라갔다. 어제 해봤다고 문을 열고 들어가는 것은 수월했다. 역시 사무실은 조용했다. 한마디를 하면 모두가 쳐다볼 것만 같았다.

출입문에서 가장 가까이에 있는 직원에게 다가갔다. 속삭이듯이 "대한생명에서 왔다"고 상품 안내장을 내밀었다. 바로 그 순간 놀라운 일이 벌어졌다. "아! 나 이거 가입할 거예요"라고 하는 게 아닌가! 보험회사 들어가 최초로 계약자를 만나는 순간이었다. 그 사람은 보험료 3만 800원, 5년 만기 보험상품의 청약서를 작성하더니 보험료는 내일 주겠다고 했다. 기분이 너무 좋았다. 용기백배해서 안성군청을 샅샅이 돌며 안내장을 내밀었다. 하지만 추가 계약자는 없었다.

그다음 날, 첫 계약자가 나오는 날이라서 안성터미널에서 내려 안성군청 5층까지 가는데 몸과 마음이 날아갈 듯 했다. 어제보다 씩씩하게 문을 열고 들어갔다. 어제 청약서를 작성한 그분에게 다가가 "선생님, 보험료 받으러 왔습니다"라고 했다. 그런데 내 얼굴을 한 번 보더니 "죄송한데, 나중에 들겠습니다"라고 거절하는 것이 아닌가!

그 순간 온몸의 기운이 빠지고 화가 났다. 그러나 어쩌겠나? 다시 힘을 내서 안성군청을 돌았다. 하지만 계약자는 없었다. 점심시간이 되어서야 안성군청에서 나왔다. 나는 보험영업을 시작하며 결심한 것이 있었다. '오전에 계약이 없으면 점심을 굶자!'가 그것이었다. 계약이 취소되었으니 점심을 먹을 수 없었다. 뚜벅뚜벅 걸어서 내려오는데 바람이 차가왔다.

"아! 이게 뭔가? 이렇게 해서 밥이나 먹고살 수 있을까?"

날씨만큼이나 마음도 얼어붙기 시작했다. 한참을 걷다 보니 안성읍사무소가 보였다. 아직 점심시간이라 직원들이 없겠거니 생각했지만, 딱히 갈 곳도 없어서 안성읍사무소로 들어갔다. 그 당시 안성읍사무소는 가운데 본관 건물 오른쪽에 '청소과'라고 푯말이 붙어 있는 1층짜리 건물이 있었다. 청소과 문을 열고 들어갔다. 40대 초반의 아주머니 두 분이 계셨다.

대한생명에서 왔다고 인사를 하고 보험 안내장을 내밀었다. 두 분 중 한 분이 "어머, 총각은 참 운이 좋네. 마침 오늘 곗돈을 타서 보험을 하나 들어야지 생각했는데 딱 맞춰서 왔네"라면서 가입을 해주셨다. 진짜로 첫 계약자가 나오는 순간이었다. 그날 두 분 모두가 보험에 가입했다.

사회생활의 첫 시작은 이렇게 지난했다. 당시에는 반듯한 직장을 잡아 취직한 친구들이 부러웠다. 그렇게 시작한 영업 인생은 세일즈에 대한 책을 쓰고 강의를 하는 전문 강사로 이어졌다. 그러면 어떻게 해서 강사의 길로 들어서게 되었을까?

대한생명에서 한 달 정도 열심히 일을 하는데 신입사원 교육을 받으라는 지시를 받았다. 인천의 한 호텔에서 3일 동안 교육을 받았는데 강사님이 그렇게 부러울 수 없었다. 그분을 보며 '강의를 해보고 싶다'라는 생각이 들었다. 하지만 구체적으로 뭘 어떻게 하겠다는 생각은 하지 못했다.

무슨 일이든 그냥 막연한 소망 정도로는 절대 목표를 달성할 수 없다. 만약 그때 강사님을 찾아가 '어떻게 하면 강사가 될 수 있느냐?'라고 질문했다면 어떻게 됐을까? 그분의 조언을 듣고 구체적인 계획을 세워 준비했다면 이미 강사가 되었을 것이다. 그런데 단순히 '와 부럽다, 강사가 되고 싶다'에서 끝났으니 오랜 시간이 걸릴 수밖에 없었다.

'강사를 하고 싶다'는 생각이 다시 들기 시작한 것은 건강기능식품 대리점을 시작하고 몇 년 뒤였다. 건강식품 대리점을 하다 보면 많은 교육을 받게 된다. 강사들 중에는 강의를 진짜 잘하는 사람도 있었고 '저 정도는 할 수 있겠다' 싶은 강사도 있었다. 주부사원들을 직접 교육하기 위해 다양한 책을 읽으면서 '강사를 해보면 어떨까?'라는 생각이 솟아나기 시작했다. 그때가 2005년, 2006년도쯤이었다.

이때부터 나는 강사가 될 거라고 선포를 하고 다녔다. 하지만 막막했다. 강사의 길을 가려면 어떻게 해야 하는지조차 몰랐다. 그래서 이름 있는 강사들의 경력을 뒷조사했다. 놀랍게도 강사가 되는 데는 학위가 별로 필요 없었다. 다만 자기가 쓴 책이 필요했다. 이를 바탕으로 구체적인 계획을 세웠다. 목표가 정해지면 실천적인 계획을 세우는 것이 필수이기 때문이다.

영국 버진그룹의 CEO 리처드 브랜슨은 그의 책《내가 상상하면 현실이 된다》에서 다음과 같이 말했다.

"무슨 일이든 잘하고 싶으면 빈틈없이 계획을 짜서 철저히 준비해야 한다는 것은 앞으로도 영원히 변하지 않을 원칙임에 틀림없다.”

그래서 내가 세운 계획은 이랬다.

- 매주 두세 권씩 책을 읽는다.
- 한 달에 한 번은 다른 방판조직에서 강의 연습을 한다.
- 2009년 10월까지 책을 세 권 쓴다.
- 2009년 10월에 오정환 리더십 아카데미를 세운다.

이 계획은 시간이 지나면서 약간씩 수정을 했지만, 원칙은 변하지 않았다. 나는 2008년에 《영업, 질문으로 승부하라》라는 첫 번째 책을, 2009년에 《성공, 질문으로 승부하라》라는 두 번째 책을 펴냈다. 2010년 가을에는 세 번째 책 《세일즈 멘토링》의 원고를 출판사에 보냈다. 2011년 7월에 세 번째 책이 출판되자마자 방판사업을 과감히 접고 강사의 길로 들어섰다. 예정보다 2년 정도 늦었지만 목표로 삼았고, 그토록 하고 싶었던 전문 강사의 길을 가게 된 것이다.

그런데 첫 번째 책을 펴내자마자 강의 요청이 들어왔다. 한국표준협회였다. 영업사원을 대상으로 한 ‘영업력 강화 과정’에서 2시간짜리 세일즈 기법을 강의해달라는 것이었다. 어떻게 했는지 모를 정도로 정신없이 강의를 했다. 그 과정의 강사는 모두 네 명이었는데 강의평가 결과 꼴찌를 했다. 두 달 후 ‘영업리더 역량강화 과정’에서는 4시간짜리 강의를 했는데 여기서도 꼴찌를 했다.

강의에 대한 진지한 재검토가 필요했다. 나름대로 강의를 좀 하는 줄 알았는데 프로 강사들이 즐비한 정글에서는 살아남기 힘들겠다는 위기감을 느꼈다. 그때부터 다른 강사들의 강의를 부지런히 들으러 다녔다. 오디오 CD를 사서 좋은 강의는 흉내를 낼 정도로 들었다. 무료나 유료 강의를 찾아다니며 귀동냥도 했고, 스피치에 대한 책들도 사서 읽었다.

그 와중에 2009년 1월 9일 건강기능식품을 방문판매하는 경쟁사의 사장단 세미나에서 강의를 해달라는 요청을 받았다. 경쟁사의 사장단 세미나에 가는데 지금의 명함을 가지고 갈 수는 없었다. 그래서 부랴부랴 '오정환 세일즈&리더십아카데미'라는 명함을 만들었다. 이는 당초의 계획보다 10개월이나 빠르게 진행된 일이었다.

그런데 공교롭게도 1월 8일에 장인어른께서 돌아가셨다. 그날은 스피치 리더십 프로그램을 개강하는 날이었고, 그다음 날은 대전으로 가서 경쟁사의 사장단 세미나에서 강의를 해야 하는 날이었다. 고민하지 않을 수 없었다. 결국 잠을 거의 자지 못하고 대전에 가서 강의를 하고 올라와 장인어른의 장례식을 치렀다.

그러고 나서 2009년에 두 번째 책 《성공, 질문으로 승부하라》를 냈고, 2010년에는 《세일즈 멘토링》을 탈고했다. 이제 본격적인 준비를 해야 할 때라고 느꼈다. 일단 운영하는 사무실에서 강의를 해보기로 결정했다. 2011년 3월 둘째 주 목요일부터 매주 목요일 오전 10시부터 90분간 자기계발 특강을 하기로 하고 수강생을 모집하기로 했다.

2월 중순경 아파트 게시판에 유료광고를 시작했다. A4 종이에 리더십 특강 프로그램과 장소, 시간, 수강료 등을 인쇄하여 세대수가 많은 아파트 단지 두 곳에 10일간을 붙였다. 그런데 문의전화가 한 통도 오지 않았다. 무척 실망스러운 결과였다.

그렇다고 포기할 수는 없었다. 광고지를 수백 장 복사해서 수지 전 지역의 전봇대, 버스정류장, 가로등, 건물 기둥, 건물 벽 등에 붙였다. 강의를 시작하는 당일 아침, 과연 몇 명이 올까 궁금했다. 딱 세 명이 왔다. 성남에 사는 아가씨가 수지에 사는 친구 집에 놀러왔다가 신청을 하기도 했다.

'하면 되는구나'라는 생각에 다시 새벽에 광고지를 붙이기 시작했다. 3월의 새벽은 생각보다 추웠다. 김순열 상담실장이 새벽에 나와 운전을 해주었고, 나는 손을 호호 불며 정성껏 광고지를 붙였다. 지나간 에피소드지만 낮에 광고지를 붙이다 경찰과 구청 공무원에게 광고지를 빼앗기는 봉변을 당하기도 했다.

그렇게 열심히 광고지를 붙이고 난 후 두 번째 강의를 하는 날이 되었다. 몇 명이 올지 궁금했다. 사장실에 있는데 밖이 시끄러웠다. 많은 사람이 온 것 같았다. 사회자가 "오늘 강의를 해주실 오정환 원장님을 소개하겠습니다"라고 해서 문을 열고 나갔는데, 깜짝 놀라지 않을 수 없었다. 자리가 꽉 차 있었다. 정말 많은 사람들이 내 강의를 들으러 와준 것이었다. 10년 동안 그 자리에서 강의를 했는데 그날따라 무척 떨렸다. 그렇게 해서 한 달에 네 번씩 4개월을 강의했다.

한라상조 김희곤 평생교육원장님을 만난 것은 이때였다. 두 번째 주부터 내 강의를 지켜본 김 원장님이 한라상조에서 강의를 해보지 않겠느냐고 제안을 하셨다. 당연히 예스였다. 그 인연으로 지금까지도 한라상조 전국 본부를 다니며 강의를 하고 있다.

2011년 7월 전문 강사로 첫발을 내디디며 나는 다시 3가지 목표를 세웠다.

- 강의 수입이 월 1천만 원 이상이다.
- 2013년은 텔레비전에서 강의한다.
- 텔레비전에서 토크쇼를 진행한다.

3가지는 다 만만한 것이 아니었다. 가만히 있는 사람에게 누가 강의를 요청하겠는가? 강의도 영업이 필요했다. 가장 자신 있는 곳은 건강식품 방판업체였다. 그 분야에서 10년을 일했으니 나름 감각이 있었다. 건강식품 방판업체를 대상으로 영업을 시작했다. 전화를 걸어 소개를 한 후 샘플 강의가 마음에 들면 정식으로 계약을 하면 되니까 부담 없이 들어보라고 제안했다. 자신감이 없으면 할 수 없는 방법이었다.

이 제안이 통하면서 샘플 강의를 한 곳은 대부분 정식 계약을 했다. 그러면서 수입도 안정되기 시작했다. 그 결과 첫 번째 목표는 이미 달성을 했다. 말과 글로 선포했으니 두 번째, 세 번째 목표도 달성할 수 있으리라 믿는다. 2012년 7월부터는 월간 소식지 〈셀프Self〉를 매달 발행하고 있다. 인생은 '스스로' 해결해나가는 과정이라는 뜻에서 이름 지었다. 차츰 발행면수나 발행부수를 늘려가고 있다.

1차 목표는 달성했으며, 2차 목표를 향해 나는 순항을 하고 있다.

가야 할 길은 물론 아직도 멀다. 책도 더 써야 하고, 강의기술도 더 다듬어야 한다. 목표가 없었다면 과연 지금의 모습은 어땠을까? 20년 전 보험회사에서 신입교육을 받으며 마음에 품었던 것을 현실로 이루어낸 것은 목표를 세우고 목표가 이끌었기 때문이다.

👉 **오늘 당장 해야 할 일**

1. 최우선 목표를 정한다.

2. 최우선 목표를 달성하기 위해 무엇을 할지 정한다.

3. 2번을 어떻게 구체적으로 실천할지 정한다.

4. 1, 2, 3번을 책상 위에 붙인다.

👉 **지속적으로 해야 할 일**

1. 최우선 목표를 아침, 저녁으로 5번씩 읽는다.

2. 매달 목표와 관련된 책을 2권씩 읽는다.

3. 매일 계획적으로 실천한다.

05

영업, 두드리면 열릴 것이다

영업으로 성공한 사람들은 어떤 특징이 있을까? 그동안 그들을 직접 만나거나 책으로 접하면서 공통점을 찾으려고 했다. 그 결과, 다음과 같은 공통점을 가지고 있었다.

첫째, 헛수고를 즐긴다.

헛수고란 노력을 했지만, 돌아오는 결과가 없을 때 쓰는 말이다. 가령 맛집이 있다는 소문에 먼 길을 찾아갔는데 그 집이 쉴 때, '헛수고를 했다'라고 말한다. 언젠가 텔레비전을 보는데 일용직 근로자들의 이야기가 나왔다. 새벽부터 인력시장에 나왔지만 일거리를 구하지 못한 사람들도 있었다. 새벽부터 헛수고를 한 것이다. 영화사가 흥행에 실패했다면 이 역시 헛수고를 한 것이다. 기업에서 오랜 연구 끝에 신제품을 개발했는데 소비자들이 외면한다면 이것 또한 헛수고를 한 것이다.

그러나 헛수고가 많기로는 영업만한 게 없다. 하루 종일 전단지를 돌렸지만 문의전화 한 통 없을 때가 허다하다. 수십 군데를 방문해 상품을 설명했는데 아무도 구매하지 않았다면 이 역시 헛수고를 한 것이다. 헛수고는 어찌 보면 실패와 통하는 말이다. 하지만 정말 그럴까? 많은 사례들이 '헛수고를 많이 한 사람이 성공한다'라는 것을 증명하고 있다.

실험실에 있는 과학자를 생각해보자.

그들은 실험을 몇 년씩 계속하지만 만족할 만한 결과를 내지 못할 때가 많다. 그렇다고 헛수고를 했다고 생각하지 않는다. 그냥 실험을 했다고 말한다. 발명가들도 마찬가지다. 발명을 하기 위해 시행착오를 하거나 실패할 때가 많다. 이들에게도 헛수고란 말은 어울리지 않는다. 이런 헛수고를 더 많이 한 과학자나 발명가가 오히려 나중에 놀라운 성과를 내놓는다.

위대한 소설가나 시인도 오랜 습작기간를 거친다. 작품을 발표하지 않았으니 헛수고인 셈이다. 그러나 이런 헛수고가 많아야 좋은 문학작품이 나온다. 헛수고를 즐겨야만 언젠가 '빵' 터지는 일이 생기는 것이다. 헛수고에 헛수고가 쌓이다 보면 임계점에 도달한 어느 순간 빅뱅big bang, 대폭발이 일어난다. 마치 심마니가 온 산을 뒤진 끝에 산삼을 발견하는 것처럼 말이다.

영업은 헛수고가 많을수록 좋다. 오늘 뿌린 전단지로 고객은 1년 뒤에 주문전화를 하기도 한다. 며칠 뒤의 주문전화는 흔한 일이다. 따라서 주문전화가 바로 오지 않았다고 해서 헛수고라고 여기서는 안 된다. 그리고 오늘, 이번 주, 이번 달에 노력한 만큼 성과가 없다고 해서 기죽을 필요도 없다. 열심히 씨를 뿌렸다면 임계점에 도달하는 순간 성과를 거둘 수 있기 때문이다.

이와 마찬가지로 처음엔 아무도 나에게 강의를 주지 않았다. 당연하지 않은가? 내가 누군줄 알고 강의를 맡기겠는가? 그래서 나도 강의에 대한 영업을 했다. 나를 모르는 단체나 기관, 회사를 상대로 무료 샘플 강의를 하기로 한 것이다. 고객이 화장품을 살 때 샘플을 써보고 마음에 들어야 본 제품을 사서 쓰듯이 샘플 강의를 듣고 마음에 들면 정식으로 계약해서 강의를 하는 쪽으로 방향을 잡았다.

나는 방문판매업에서 오랫동안 일했기 때문에 일단 그 분야에서 강의하는 것은 자신이 있었다. 내가 먼저 문을 두드린 곳도 바로 알로에 제품을 파는 건강기능식품 대리점이었다.

"사장님, 저는 오정환 리더십&세일즈 아카데미의 오정환 원장으로 리더십, 자기계발, 동기부여, 세일즈 기법, 조직관리에 대해 강의를 하는 사람입니다. 사장님이 운영하시는 대리점에서 강의를 하고 싶어서 전화드렸는데요. 제가 강의를 얼마나 잘 하는지 모르시니 먼저 샘플 강의를 해드리겠습니다. 샘플 강의를 듣고 마음에 드시면 정식 계약을 하고 강의를 하면 어떻겠습니까?"

이런 식으로 전화를 해 여러 곳에서 무료로 샘플 강의를 했다. 돈을 안 받고 강의했다고 이것이 과연 헛수고일까? 지식경제공무원교육원에서 강의를 하게 된 사연은 헛수고를 즐기라는 것이 어떤 의미인지 분명히 알려준다.

2011년 8월에 아버지께서 넘어지셨다. 고관절이 부러져서 병원에서 수술을 했는데 당시 아버지의 나이 여든 살이셨다. 그런데 병원비며 수술비를 몽땅 우체국에서 지급했다. 나도 몰랐는데 9년 전에 어머니께서 보험을 들어놓으셨던 것이다. 가입을 하셨던 ○○우체국에 가서 보험금을 신청했다. 그때서야 비로소 우체국에도 영업 조직이 있다는 것을 알게 되었다.

그러고 보니 나도 9년 전에 우체국 보험을 들어놓고는 자동이체를 해놔서 까맣게 잊고 있었다. '우체국 FC들에게도 강의를 하면 좋겠다'라는 생각이 들었다. 나는 생각이 떠오르면 일단 해보는 버릇이 있다. 우체국 FC를 되뇌면서 고민을 했지만 좋은 방법이 떠오르지 않았다. 일단 부딪쳐보는 수밖에 없었다.

나는 곧 ○○우체국 FC 팀장을 만나러 갔다. 소개를 한 후 우체국 FC에게 강의를 하고 싶다고 했더니 자기네는 조직이 없다고 했다. "그러면 어디에 조직이 있습니까?"라고 물었다. 그랬더니 수지, 수원, 성남 등에 조직이 있다고 일러주었다.

그때부터 경기도 일대에 있는 우체국에 전화를 걸었다. 9월 22일부터 10여 군데에 전화를 해봤지만 '예산이 없다', '조직이 없다', '계획이 없다'면서 손사래를 쳤다. 그런데 한 우체국 FC 실장이 우정청에 전화를 하면 교육 담당자가 있다고 알려줬다.

그때부터 경인우정청, 서울우정청, 강원우정청, 충북우정청, 충남우정청에 전화를 걸기 시작했다. 으레 그렇듯이 '생각해보겠다', '올해는 이미 다 끝났으니 내년에 보자'면서 거절을 했다. 그런데 한 우정청에서 지식경제공무원교육원으로 전화를 해보라고 했다. 우체국 직원들은 모두 천안에 있는 그 교육원에서 교육을 받는다고 했다. 그리고 그곳 담당자와 상담을 하면 강의를 할 수 있을 거라고 친절히 알려주었다.

곧바로 인터넷을 검색해 지식경제공무원교육원의 우체국 FC 교육 담당자를 찾아내 전화를 걸었다. 몇 번을 전화했지만 담당자가 부재중이라 통화를 못하다가 10월 12일에야 겨우 연결이 됐다.

"안녕하세요? 오정환 세일즈&리더십아카데미의 원장 오정환입니다. 저는 리더십, 자기계발, 동기부여, 세일즈 기법, 조직관리를 전문으로 강의하는 사람입니다. 우체국 FC들에게 보험 세일즈에 대해 강의하고 싶어서 전화를 드렸는데요, 제가 강의를 얼마나 잘 하는지 모르시니 일단 샘플 강의를 해드리겠습니다. 샘플 강의가 마음에 드시면 정식으로 계약해서 강의를 하면 됩니다."

"아, 네. 그러시면 제 이메일로 선생님 프로필을 보내주실래요. 검토해보고 연락드리겠습니다. 제 이메일은……."

나는 프로필을 정성스럽게 정리해서 이메일로 보냈다. 그런데 1주일이 지나고, 2주일이 지나도 연락이 없었다. 영업이라는 게 원래 그렇지 않은가? 아무리 기다려도 먼저 연락을 주는 고객은 거의 없다. 결국 10월 27일에 다시 전화를 했다.

"선생님, 바쁘신 거 같아서 먼저 전화 드렸습니다. 제가 청주나 천안쪽으로 가끔 교육을 가는데 괜찮으시면 잠깐 들러도 되겠습니까?"

그랬더니 담당자는 그러라고 했다. 그런데 이상하게도 천안에 갈 기회가 생기지 않았다. 강의 준비와 강의로 바쁘게 지내다 보니 시간이 나지 않았다. 해가 바뀌어 2012년 1월 12일 예정되었던 강의가 취소되어 겨우 짬이 생겼다. 그래서 오전에 천안에 있는 지식경제공무원교육원으로 찾아갔다. 연락도 없이 가는 것이라 헛수고가 될지도 모르는 상황이었다.

다행히 담당자가 자리에 있었다. 나는 내가 쓴 책 3권을 건네며 인사를 했다.

"저를 모르시니 제 강의를 믿지 못하실 겁니다. 무료 강의라도 한 번 해보겠습니다. 혹시 강사님이 피치 못할 상황으로 결강을 하시면 대신할 기회를 주십시오."

"예, 알겠습니다. 일정을 보고 연락드리겠습니다."

이렇게 말하고 정확히 1주일만에 강의를 요청하는 전화가 왔다. 지금까지의 과정을 보면 알겠지만, 강의 한 번 하기 위해서 나는 헛수고를 엄청나게 했다. 그러나 그게 허망한 헛수고가 아니라는 것을 알았을 것이다. 열심히 씨를 뿌리면 반드시 기쁨의 열매를 거둘 수 있다.

처음에 강의를 시작하면서 나는 무료 강의를 많이 했었다. 나중에 돌이켜보니 그것이 헛수고가 아님을 알게 됐다. 그 과정을 통해 강의 기술을 키울 수 있었기 때문이다. 그리고 그 덕분에 강의 실력이 늘어서 강의를 잘한다는 말도 듣게 되었다.

둘째, 전문지식으로 무장한 고객의 도우미다.

이솝우화에 황금알을 낳는 거위에 대한 이야기가 나온다. 한 농부가 우연히 거위 한 마리를 얻었다. 이 거위가 하루에 한 개씩 황금알을 낳자 농부는 부자가 되었다. 그런데 한 개씩 낳는 게 감질났다. 그래서 거위의 배를 갈라 황금알을 한꺼번에 꺼내려고 했다. 그러나 결국 거위는 죽고, 황금알을 더 이상 얻지 못하게 되었다는 이야기다.

여기서 농부는 황금알에 관심을 가질 게 아니라 거위에 관심을 가졌어야 했다. 거위가 무엇을 좋아하고, 싫어하는지 잘 분석해 관리만 잘했다면 알아서 황금알을 낳아주었을 텐데 욕심이 너무 과했다. 결국 관심의 초점이 황금알에 꽂히면서 농부는 모두를 잃었다.

이를 영업에 비유하면 거위는 고객이고, 황금알은 계약^{매출}이다. 고객관리만 잘하면 거위가 황금알을 낳듯 고객이 알아서 재구매를 해주고, 다른 고객도 소개해준다. 그러기 위해서는 고객의 가려운 곳을 긁어주는 도우미가 되어야 한다. 아울러 취급하는 제품은 물론 연관 있는 것들까지 공부해야 한다.

가령 자동차나 자동차보험 영업인은 자동차 정비기술을 배워야 한다. 그래야 사고나 자동차에 문제가 생겼을 때 고객을 도와줄 수 있다. 그리고 보험 영업인이라면 재테크 지식을, 건강기능식품 영업인이라면 인체와 질병을, 화장품 영업사원이라면 피부관리를 기본적으로 공부해야 한다.

그외에도 고객에게 도움이 되는 지식은 무수히 많다. 많은 고객들이 자녀 문제나 부부 문제 또는 고부 갈등 등으로 고민한다. 따라서 대화법, 상담법, 심리학 등을 공부하는 것도 좋다. 이야기만 잘 들어줘도 고객의 신뢰를 얻을 수 있기 때문이다. 도우미가 되라는 것은 고객에게 빚진 마음을 갖게 만들라는 세일즈 기법과도 통하는 말이다.

삼성생명에서 보험의 여왕으로 유명한 배양숙 명예상무 FC의 인문학 강좌는 고객에게 도우미가 되라는 말을 제대로 실천하고 있는 대표적 예다. 그녀가 인문학 강좌로 어떻게 고객의 마음을 사로잡았는지 〈매경이코노미〉의 기사를 한 번 보자.

"제가 세상을 살아가면서 제일로 두는 가치가 '선한 영향력' 입니다. 한 사람이 수많은 사람을 이롭게 하는 선한 영향력이야말로 좀 더 나은 세상을 만드는 원동력이니까요. 저는 재무전문가로서 사회 구성원들에게 어떤 선한 영향력을 미칠 수 있을까를 매일 고민합니다. 지난해엔 '2세 경영인 멘토링 프로그램' 을 진행했고, 올해는 '수요포럼 인문의 숲' 을 기획했습니다."

2009년 수입보험료 1위 실적으로 삼성생명의 챔피언 자리에 오른 배양숙 명예상무 FC는 2월 1일 '최진석 서강대 철학과 교수와 함께 걷는 인문 여행' 이란 부제가 붙은 '리더, 도가에서 길을 찾다' 40회 강좌의 문을 연다. 최진석 교수가 매주 수요일마다 생각은 어떻게 탄생했고 이후에 공자, 노자, 맹자, 순자, 장자를 거쳐 법가와 한비자에 이르기까지 어떻게 사상으로 집대성됐는지를 명쾌하게 해설해준다.

마지막 40회의 대미를 장식할 주인공은 '진시황과 유방'. "도가에 한 쪽 뿌리를 둔 채 법가로 마무리된 춘추전국시대는 진시황의 짧은 집권으로 가능성과 한계를 동시에 드러냈고, 항우와 유방의 싸움에서 지금의 보수와 진보의 정치를 볼 수 있는 만큼 충분히 관심을 갖고 들여다볼 가치가 있다" 는 설명이다.

"유방은 도가사상 중심의 이데올로기를 채택해 한 제국의 기틀을 잡았고, 유방을 통해 노자의 정치학이 현실에 구체적으로 적용됐다" 는 분석도 덧붙여진다.

배 상무의 고객을 중심으로 40여 명의 리더가 초대되는 이 강의는 무료로 진행된다. 강의를 듣고 싶은 CEO는 따로 신청도 할 수 있다. 이것 역시 무료다. 1억 2천만여 원에 이르는 모든 비용을 배 상무가 전액 지원하기 때문이다.

"리더가 어떤 결정을 내리는가는 매우 중요합니다. 리더의 결정에 따라 고용이 유지되고 확대될 수 있는 반면 고용이 무너질 수도 있으니까요. 항상 결정의 순간에서 절대 고독의 지경에 처해 괴로워하는 CEO들을 수없이 봐왔습니다. 이분들을 어떻게 도와드릴 수 있을까 생각하다 인문학 포럼을 구상했습니다. 인문학이 결정적인 해답을 주지는 못하겠지만, 해답을 찾아가는 길을 알려줄 수는 있지 않을까 싶어서요. 일차적으로는 리더들에게 도움을 준다는 측면이지만, 더 나아가서는 그 리더들이 끌고 가야 하는 직원들에게까지 도움을 줄 수 있는 일이라고 생각합니다."

아무리 선한 영향력을 최고 가치로 두고 산다 해도 한 해 10억 원 안팎의 수입을 올리는 직장인이 1억 2천만 원이란 거금을 내놓기는 쉽지 않았을 터. 배 상무는 "매년 수입의 10% 정도를 사회를 위해 쓰기로 했다"며 "별것 아니다"라고 한다. 지난해 배 상무가 진행한 '2세 경영인 멘토링 프로그램'도 사실 고용 유지와 밀접한 연관이 있다.

"2세들이 승계를 잘해서 기업을 발전시키면 고용이 유지될 수 있잖아요. 지금 제가 하는 작은 역할이 훗날 수천 명의 일자리를 유지하는 데 도움이 된다고 생각하면 짜릿합니다. 이보다 더 멋진 일이 또 있을까요?"

배 상무처럼 수입의 10%를 고객을 위해 사용하는 것은 사실 쉽지 않은 일이다. 선한 영향력으로 좀 더 나은 사회를 만들려는 그녀의 생각은 고객의 도우미를 넘어 사회의 도우미가 되려는 통 큰 모습을 보여주는 일이라 하겠다.

셋째, '들이대 정신'으로 무장한 사람이다.

김 모 가수가 유행어로 만든 '들이대'는 자기계발분야에서 '저돌적인 추진력, 물불 안 가리는 정신'으로 인식되고 있다. 그런데 영업분야에서도 '들이대'는 아주 중요한 덕목 중 하나다.

서점에는 영업에 대한 책이 수없이 많다. 저마다 다양한 세일즈 기술, 즉 고객을 발굴하는 기술, 고객의 호감과 신뢰를 얻는 기술, 고객에게 상품을 설명하는 기술, 거절하거나 망설이는 고객을 다루는 기술, 소개받는 기술 등을 다루고 있다.

그러나 다양한 세일즈 기술도 정작 고객을 만나지 않으면 필요 없는 것들에 지나지 않는다. 어떻게든 고객과 마주해야 기술을 걸 수 있지 않겠는가? 건강기능식품, 자동차, 보험, 정수기, 화장품 같은 분야의 영업인은 국민 모두를 가망고객으로 생각해야 한다. 이것이 누구 하나 허투루 볼 수 없는 이유다. 하지만 영업인의 뇌는 늘 편한 것만을 생각하는 경향이 있다.

가령 길을 가는데 10미터 앞에서 어떤 사람이 걸어오고 있다고 가정해보자. 그 순간 뇌는 빠르게 작동하기 시작한다. '자동차를 살 만한 사람일까? 일단 전단지를 줄까?'라고 생각한다. 그러다가 '저 사람이 설마 차를 사겠어? 아마 안 살 거야, 괜히 줬다가 거절하면 망신이지'라는 생각에 '에이, 주지 말자'라며 주저앉아버린다. 그러면 자동차 한 대도 팔기 힘들다. 영업으로 성공하려면 무조건 들이대야 한다. 탁월한 성과를 내는 영업인들치고 '들이대 정신'으로 무장하지 않은 사람은 한 명도 없다.

유니베라 수지대리점의 김순열 부장은 건강기능식품과 화장품을 방문판매하는 영업인이다. 김 부장이 매달 높은 매출을 올리는 이유 중 하나는 들이대 정신 때문이다. 한번은 김 부장이 고객을 만나려고 주차장에서 막 출발을 하는데 식당 앞에 만삭의 임산부가 서 있었다. 그런 임산부의 피부가 좋을 리 없다.

김 부장은 차에서 내려 임산부에게 다가가 자신이 들고 있던 카탈로그를 주면서 "늦둥이를 가졌나 봐요?"라고 말을 걸었다. 그러자 임산부는 "늦둥이도 한참 늦둥이죠"라며 식당을 시작하자마자 애가 생겼다며 말을 받았다. 이런 순간이 중요하다. 놓치면 프로가 아니다. 김 부장은 "어머 그러세요. 그럼 복덩이를 가진 거네요. 식당이 대박 날 거예요"라고 답했다.

이 한마디로 임산부가 느꼈을 기분을 생각해보라. 당신이라면 기분이 좋지 않겠는가? 임산부는 "그렇지 않아도 한동안 날이 춥고 몸이 무거워 화장품을 사지 못했는데 잘 됐다"라며 기초 화장품을 세트로 구입했다. 김 부장의 '들이대 정신'이 판매로 이어진 것이다. 이처럼 '들이대 정신'은 기회의 문을 활짝 열어주는 열쇠가 된다.

다음은 정연식 씨의 책《꿈을 이루어주는 세 개의 열쇠》에 나오는 외다리 보험왕 조용모 씨의 이야기다. 그는 하루 50장의 명함을 교환하고, 다섯 건의 계약을 성사시킨다는 명확한 목표를 가지고 영업을 했다고 한다. 그의 '들이대 정신'이 돋보이는 장면 하나를 소개한다.

보험회사 영업사원이 밤 12시에 경찰서를 찾았다.

"뭐라고? 그래서 나보고 이 시간에 보험 들라는 얘긴가?"

"보험에 가입하는 데 시간이 중요한 건 아닙니다. 위험이 어디 시간을 가리면서 찾아오던가요? 하루 다섯 건을 계약한다는 목표로 나왔는데 아직 네 건밖에 못해서 마지막 한 건 때문에 여기까지 왔습니다. 하나 가입하시죠."

"당신 참 대단하구만. 밤 12시에 보험을 다 들게 생겼네. 좋아, 내가 그 마지막 한 건을 계약해주지."

"그럼 하나만 더 부탁드릴게요. 저한테 한 분만 더 소개해주실 수 있겠습니까? 선생님처럼 흔쾌히 보험에 가입할 수 있는 안목을 가진 분이라면 소개도 해주실 수 있을 것 같은데요."

"당신, 참 철저하고 집요하군!"

그러나 들이댈 때도 요령이 필요하다. 다음의 〈동아일보〉 기사는 '금융영업의 달인'으로 통하는 현병택 기은캐피탈 대표의 고객방문 요령이다.

① 경비원을 사장님처럼 대하라

고객 회사의 경비원이나 하위 직급 직원들을 가볍게 보지 마라. 이들은 요긴한 정보를 가진 정보원이며, 나를 고객에게 비공식적으로 알릴 소통 창구다. 특히 이들 중 일부는 회사 중역들의 친인척이나 선후배일 수도 있다. 반드시 이들과 명함을 주고받으며 친분을 쌓아라.

② 예고 없이 찾아가라

사전에 시간 약속을 해야 한다는 고정관념은 버려라. 그냥 가벼운 마음으로 나서라. 처음엔 푸대접을 받을 수도 있고, 명함조차 내밀지 못할 수도 있다. 그러나 첫술에 배부르랴. 고객의 마음을 사로잡을 수만 있다면, 삼고초려가 아니라 '삽십고초려(三十顧草廬)' 도 마다해서는 안 된다.

③ 고객의 관심사를 파악하라

사업주나 회사 중역들에게 취미는 취향 이상의 의미가 있다. 매일 격무에 시달리는 그들에게 취미는 즐거움이고, 위안이며, 에너지의 원천이다. 고객과 취미에 대한 이야기를 나누면 친밀도가 매우 높아진다. 고객이 골프에 관심이 있으면, 설사 못 치더라도 관련 상식이나 유머, 최근 경기 결과에 대해 알아둬라.

④ 단정한 복장이 항상 좋은 것만은 아니다

그가 30년간 일한 기업은행의 고객은 대부분 중소기업이다. 통풍이나 냉방이 안 되는 작은 사무실에서 땀범벅, 기름범벅으로 일하는 사람이 많다. 그는 그곳을 방문할 때면 반드시 허름한 잠바를 입었다. 옷차림은 상대가 나와 동질감을 느끼게 하기 때문이다. 말쑥하게 차려 입어 '가까이 하기엔 너무 먼 당신' 이 되는 것과 고객을 배려한 옷차림으로 '동반자' 가 되는 것 중 과연 어느 것이 나을까?

⑤ 날씨가 좋지 않을 때 찾아가라

궂은 날엔 고객이 사무실에 있을 확률이 높다. 장대비가 쏟아지거나 바람이 세차게 부는 날 고객을 찾아가라. 악천후를 뚫고 찾아온 모습을 보고 매몰차게 외면할 사람은 거의 없다. 그와 따뜻한 차 한 잔을 나누며 세상 사는 이야기를 들어보라. 경청만큼 사람을 강력하게 끌어당기는 것이 또 있을까?

⑥ 여직원의 마음을 사로잡아라

지위가 낮은 직원, 특히 여성들을 정중하고 깍듯하게 대하라. 특히 여성들은 말 한마디에도 마음이 상할 수 있으므로 각별히 주의해야 한다. 금융거래와 관련된 의사결정은 사장이 하지만, 통장의 잔액 유지 권한은 이들이 갖고 있는 경우가 많다. 따라서 차 한 잔을 마실 때도 이들을 우군으로 만들기 위해 노력을 기울여야 한다. 가령 여직원이 차를 내오면 쟁반을 받아주거나 "차 맛이 아주 좋다" 와 같은 덕담을 건네라.

⑦ 방문 뒤엔 '애프터서비스 편지'를 보내라

방문의 마무리는 편지로 하라. 편지는 자신을 드러내는 수단이며, 직접 만났을 때 나눌 수 없었던 이야기도 전할 수 있는 진솔한 대화의 창이다. e메일도 좋고 자필 편지도 좋다. 다만 내용을 너무 공식적이거나 딱딱하지 않게 하는 것이 좋다. 적절한 칭찬과 정성이 담긴 편지 한 장은 고객의 마음을 사로잡을 것이다.

위의 7가지는 영업인이라면 반드시 실천해야 할 것들이다. 읽고 실천하여 자신의 습관으로 만들기를 바란다.

☝ **오늘 당장 해야 할 일**

1. 연락을 망설였던 가망고객의 이름을 적어보고 연락을 하자.

2. 방문했다가 거절당한 곳을 다시 한 번 찾아가자.

3. 고객을 위해 할 수 있는 일에는 어떤 것이 있는지 찾아보자.

☝ **지속적으로 해야 할 일**

1. 고객의 도우미가 되기 위한 방법을 찾아 실천한다.

2. 고객의 관심사, 취미 등을 알아보고 고객관리카드에 기록한다.

3. 매일 만날 가망고객의 수를 정하고 실천한다.

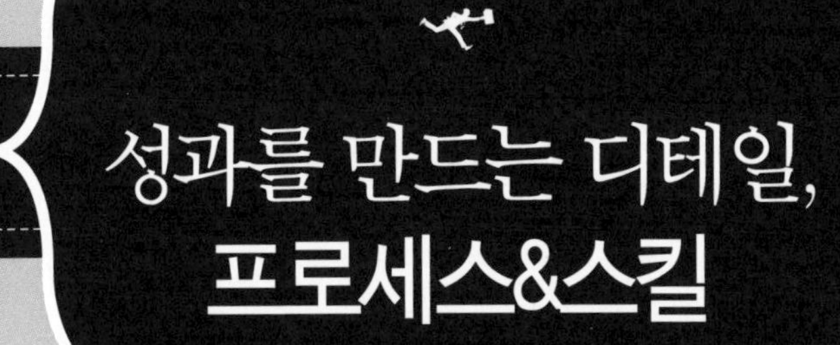
2장
성과를 만드는 디테일,
프로세스&스킬

01

고객의 신뢰를 얻는 법

　고객의 신뢰를 얻는다는 것은 무엇일까? 믿음을 줘 고객의 마음을 얻는 것이다. 마음을 얻지 못하면 고객의 지갑은 절대 열 수 없다. 그러기 위해서는 고객이 우선 당신을 신뢰해야 한다.

　영업을 처음 시작하는 사람들 중에도 매출 차가 많이 나는 경우를 볼 수 있다. 타고난 영업력의 차이일 수도 있겠지만, 대부분은 대인관계의 차이 때문이다. 영업을 시작했다고 해서 지인이 선뜻 구매를 해줄 것이라고 생각하는가? 절대 그렇지 않다. 평소 그들의 신뢰를 얻었느냐 못 얻었느냐에 따라 결과는 달라진다.

　고객의 신뢰를 얻으려면 어떻게 해야 할까? 영업이나 대인관계에 관한 책을 보면 고객이나 타인에게 신뢰를 얻는 다양한 방법들이 소개되어 있다. 그만큼 신뢰가 중요하다는 의미일 것이다. 그중 한 가지가 바로 고객과 친밀감을 높이는 것이다. 고객이 강한 친밀감을 느낀다면 신뢰는 저절로 따라오기 때문이다.

오리 브래프먼과 롬 브래프먼 형제가 공동 작업한《클릭》에는 친밀감을 촉진하는 몇 가지 방법이 나와 있다. 그중에서도 영업인이 고객과 친밀감을 높이기 위해 적용할 수 있는 두 가지 법칙인 '취약성의 법칙'과 '근접성의 법칙'을 소개한다.

1. 취약성의 법칙

취약성이란 자신의 약점을 상대방에게 그대로 드러낸다는 의미다. 이런 경우, 대부분의 사람들은 자존심에 상처를 입는다. 하지만 이것은 관계 형성이라는 차원에서 보았을 때, 대단히 긍정적인 시도다. 자신의 취약성을 보여줌으로써 고객과 보다 쉽게 친밀감을 형성하기 때문이다.

친밀감의 관점에서 보자면 대화에는 5단계가 있다. 한쪽 끝에는 가장 형식적인 표현이 놓이게 된다. 이는 감정을 거의 드러내지 않는 말들을 사용하는 것을 의미한다. 예를 들어, "안녕하세요. 만나서 반가워요"와 같은 일상적인 인사가 여기에 해당한다. 이러한 대화들은 일상생활에서 윤활유와 같은 역할을 한다. 우리가 인사를 건네는 이유는 특별한 메시지를 전달하려는 것이 아니라 만남을 좀 더 부드럽게 만들려는 것이다.

형식적인 표현 바로 옆에는 객관적인 표현이 있다. 가령 "전 서울에서 살고 있어요. 어떤 일을 하고 계신가요?"와 같이 개인의 감정이 별로 담겨 있지 않은 말들이다. 그다음으로는 주관적인 표현이 있다. 이는 특정 대상에 대해 자신의 의견을 전달하는 것, 가령 "그 영화 아주 재미있던데요?"와 같은 표현들을 말한다. 그러나 주관적인 표현에는 어느 정도 위험이 따른다. 자신의 의견 때문에 상대방과 충돌할 수 있다. 물론 이 위험은 비교적 사소한 것이다.

지금까지의 세 단계, 즉 형식적, 객관적, 주관적인 표현은 모두 사무적인 대화에 해당한다. 사무적인 대화에 해당하는 표현들은 감정보다는 정보를 중심으로 진행된다. 여기서 한 걸음 더 나아가면, 관계 지향적 대화를 나누게 된다. 자신의 약점을 솔직하게 드러내는 표현이 관계 지향적 대화에 해당한다.

그다음 단계는 심리학자들이 말하는 감정을 드러내는 표현이다. 가령 "당신이 여기 없으니 참 안타깝군요", "함께 있어 줘서 너무나 든든합니다"와 같은 말들이다. 이런 표현들은 개인적이고, 감정적인 메시지를 직접적으로 전달한다. 사람들은 대개 자신이 신뢰하는 가까운 사람들에게 이런 표현을 쓴다.

마지막 표현은 아주 가까운 사람들 사이에서도 좀처럼 하기 힘든 말로 '피크 표현'이라 한다. 피크 표현이란 자신의 취약점을 그대로 드러내는 표현으로 가장 사적인 부분까지 상대방에게 공개하는 것을 말한다. 그만큼 상대방과 충돌할 가능성도 높다. 예를 들어 "내가 아이들을 제대로 보살피지 못한다니 정말 어이가 없군요. 지금 내 기분이 어떤지 짐작이나 하세요? 정말로 내가 그 정도밖에 안 된다고 생각하는 거예요? 좋은 엄마가 되지 못할 거라고 생각하는 거냐고요? 당신이 그렇게 생각했다니 정말 실망이네요"와 같은 부부간의 대화가 여기에 해당된다.

스토니 브룩 대학의 애런 교수는 오랫동안 인간관계를 연구해왔다. 그의 주장에 따르면, 친밀감을 형성하는 최고의 비결은 대화과정에서 감정의 단계를 조금씩 높여가는 것이라고 한다. 그리고 형식적, 객관적 단계의 표현들은 깊은 관계를 형성하는 데 직접적인 도움은 안 되지만, 관계를 쌓아나가기 위한 출발점으로서 영향을 미친다고 한다.

이런 주장을 뒷받침하기 위해 애런 교수가 주축이 된 연구팀은 한 가지 실험을 했다. 우선 넓은 강의실에 서로 전혀 모르는 학생들을 모아 놓고, 두 사람씩 짝을 짓도록 했다. 그리고 서로의 파트너와 25분간 대화를 나누도록 했다. 그중 절반의 그룹에게는 객관적, 주관적 단계에 해당하는 대화 주제를 주었다. 가령 가장 기억에 남는 선물, 할로윈데이 때 했던 일, 가장 즐거웠던 휴가, 일어나고 잠드는 시각, 지난달에 열심히 보았던 TV 프로그램, 가장 가보고 싶은 해외 관광지 등에 대한 것이었다. 이런 질문들은 어떤 모임에서든 쉽게 주고받을 수 있는 주제에 해당된다.

두 번째 그룹에게도 마찬가지로 객관적, 주관적 단계의 표현 항목들을 제시했다. 가령 전화를 걸기 전에 무슨 말을 할지 미리 생각하는지, 최근에 노래를 불러본 것이 언제인지 등이 그것이다. 대화가 어느 정도 진행되면, 이 그룹의 멤버들에게 다른 주제가 다시 한 번 제시된다. 개인적인 감정을 더 드러내도록 가장 소중한 추억은 무엇인지, 자신의 삶에서 사랑과 우정이 얼마나 큰 비중을 차지하고 있는지, 가족들 사이가 얼마나 가까운지에 대한 대화를 나누게끔 유도했다.

그리고 30분 정도 흘렀을 때, 연구원들은 두 번째 그룹의 대화 주제 수위를 더 높였다. 예를 들어 지금까지 살아오면서 가장 힘든 순간이 언제였는지, 지금 가족들 중에 누구의 죽음이 당신에게 가장 힘들지 등에 관한 것이었다. 이런 종류의 질문에 답하기 위해서는 사적인 부분을 많이 드러낼 수밖에 없다.

실험 결과, 두 그룹의 반응은 큰 차이를 보였다. 총 45분간의 대화 뒤, 애런 교수는 참여한 학생들에게 상대방을 어떻게 느꼈는지 설문조사를 실시했다. 추측대로 형식적 표현으로부터 피크 표현으로 올라갔던 두 번째 그룹이 첫 번째 그룹보다 친근감을 더 많이 느낀 것으로 나타났다.

하지만 더 놀라운 사실은 2주 후에 드러났다. 애런 교수의 연구팀은 실험 후 심리상태를 확인하기 위해 실험에 참여했던 학생들을 다시 강의실로 불러들였다. 그런데 특이한 패턴이 확연히 눈에 들어왔다. 두 번째 그룹에 속했던 대부분의 학생들이 짝을 지어 앉는 것이었다. 게다가 그들은 실험이 끝난 후에도 개인적으로 종종 만났다고 한다. 두 번째 그룹의 학생들이 보여주었던 친밀감이 실험 이후에도 유지되었던 것이다.

이 실험 결과는 대단히 흥미를 끈다. 물론 형식적인 대화에서 깊이 있는 대화로 나아간 학생들이 강한 친근감을 느끼는 것은 상식적인 것이라고 생각할 수 있다. 하지만 이 실험 속에는 중요한 메시지가 담겨 있다. 그것은 취약성을 일부러 드러내려는 시도가 친밀감을 형성하는 과정에서 매우 중요한 역할을 한다는 사실이다.

이처럼 자신의 약점을 드러내는 것은 관계 형성에 큰 영향을 미친다. 이와 같은 자기 공개는 대개 신속한 친밀감으로 이어진다. 하지만 이것의 강력한 효과를 제대로 실감하지 못한 사람들은 그 힘을 과소평가한다. 그런 사람들은 꼭 필요한 경우가 아니면 자신을 드러내지 않는다.

그러나 적절하게만 활용한다면, 자기 공개는 친밀감을 형성할 수 있는 가장 강력한 무기가 될 수 있다. 하지만 그 과정에서 상대방을 신뢰하고, 깊이 이해하며, 의미 있는 관계로 발전해 나가고자 하는 진지한 의도를 전달하는 것은 필수이다.

이 취약성의 법칙은 고객과 상담할 때나 대화할 때 자주 활용할 수 있는 법칙이다. 어떤 고객들은 당신에게 자신들의 배우자 문제, 자식 문제, 고부 갈등, 경제적 문제 등을 말하고 싶어 할 수도 있다. 그럴 때 고객의 문제에 깊이 공감하며 해결책을 나눈다면 친밀감을 높이기가 훨씬 수월하다.

2. 근접성의 법칙

심리학자들은 근접성의 법칙을 자연적 의사소통이라고 말한다. 자연적 의사소통이란 동일한 시간, 동일한 장소에 있기 때문에 저절로 이루어지는 대화를 말한다. 주차장에서 만난 옆집 사람과 인사를 주고받는 것이나 할인마트 카운터에서 줄을 서서 기다리면서 뒷사람과 날씨 이야기를 하는 것 등이 여기에 해당한다.

이러한 자연적 의사소통은 사소한 것처럼 보이지만 장기적인 관계 형성에 큰 영향을 미친다. 즉 당신이 고객과 자주 만나 이런저런 이야기를 많이 하게 되면, 자연적으로 친밀감을 높일 수 있다는 뜻이다. 전화 대신 고객과 얼굴을 마주 보며 대화를 나누고, 이메일 대신 방문을 하는 것이 더 좋은 결과를 이끌어내는 이유도 여기에 있으며, 이런저런 모임에 참석했을 때 멀찍이서 대충 눈인사를 나누는 것보다는 먼저 다가가 악수를 하고 안부를 묻는 것이 더 큰 효과를 거둘 수 있는 이유가 바로 여기에 있다.

요즘은 많은 사람들이 스마트폰을 다양하게 활용하고 있다. 스마트폰으로 카카오스토리나 페이스북을 자주 한다면 얼굴은 보지 못하더라도 소통이 가능하므로 친밀감을 높이는 데 많은 도움이 될 것이다.

3. 칭찬으로 신뢰 쌓기

고객의 신뢰를 얻을 수 있는 좋은 방법은 칭찬이다. 칭찬은 누구나 좋아하는 것이고 필요한 것이다. 하지만 그저 그런 칭찬보다 마음을 활짝 열 수 있는 칭찬을 한다면 고객의 신뢰를 얻을 수 있을 것이다. 칭찬에 대한 예는 필자가 쓴 《세일즈 멘토링》의 내용을 중심으로 소개한다. 칭찬에도 요령이 있다. 질문으로 칭찬을 하면 효과가 배가된다.

다음 두 문장을 비교해보자.

- 파마가 아주 잘 나왔네요!
- 어머, 그 파마 어느 미용실에서 하셨어요?

둘 중에 어느 것이 더 좋은 칭찬일까? 사람은 누구나 자랑하고 싶은 욕구가 있다. 칭찬 같은 질문은 고객이 자랑할 수 있도록 멍석을 깔아주는 것과 같다. 다음과 같이 질문을 하면 고객들은 자랑삼아 자기 이야기를 시작한다.

- 사장님께서 사업에 성공하신 특별한 방법이 있나요?
- 몸매 관리를 잘하시네요. 비결이 뭐예요?
- 사장님께서는 지역에서 좋은 일을 많이 하시나 봐요?

그러면 당신은 잘 들어주기만 하면 된다.

필자가 아는 사람 중에서 아들을 미국으로 유학 보낸 분이 있다. 이분을 만나면 무조건 아들 소식부터 묻는다. 그러면 그분은 신이 나서 아들이 이번에 성적표를 보내왔는데 성적이 좋다며 자랑을 하신다. 그러면 나는 "정말요? 그래서요? 참 대단하네요"라고 맞장구를 쳐준다.

칭찬을 할 때 여성과 남성은 조금 다르게 해야 한다. 여성들은 일단 외모를 칭찬받으면 좋아한다. 그러나 단지 "예쁘십니다" 정도로는 칭찬효과를 충분히 거둘 수 없다. 어느 한 부분을 딱 꼬집어 칭찬해야 효과가 있다. "오늘 귀고리가 참 어울리십니다"와 같이 구체적으로 칭찬하는 것이 좋다.

만약 귀고리가 흔히 볼 수 없는 것이고, 보기에 어울린다는 생각이 들면 이렇게 칭찬해야 한다. "그 귀고리 어디서 사셨어요?"라고. 어디서 샀는지 진짜 궁금해서 묻는 걸까? 아니다. 보기 드문 귀고리라는 점을 강조하기 위해 묻는 것이다. 이렇게 질문으로 칭찬을 하면 고객을 더 기쁘게 할 수 있다. 몇 가지 예를 들어보겠다.

- 참 아름다우신데, 그중에 눈이 정말 예쁘시네요.
- 파마가 잘 나왔네요, 어느 미용실에서 하셨어요?
- 오늘 원피스가 정말 잘 어울리시네요, 어디서 사셨나요?
- 사모님은 전체적으로 우아하신데, 특히 코가 참 예쁘시네요.

이렇게 여성은 외모를 칭찬한 후에는 성격이나 인품으로 칭찬을 넓혀가야 한다. 사람들은 외모와 어울리는 인품을 갖고 싶어 하기 때문이다. 그래서 자기 내면에 어울린다고 생각하는 옷을 입고, 화장을 하며, 액세서리로 장식을 하는 것이다.

- 상담하면서 느낀 건데 겉모습뿐 아니라 마음씨도 참 아름다우시네요.
- 사모님은 다른 사람을 배려하는 마음이 남다르신 것 같아요.
- 이렇게 좋은 집에 사시는 분들은 안으로 들어오라는 말을 안 하는데, 차까지 주시니 정말 감사합니다.

경기도 용인의 수지지역은 은퇴한 분들이 많이 사는 곳이다. 그중에 중학교 교장으로 정년퇴직한 분이 있다. 우연한 기회에 알게 됐는데 귀를 살펴보니 무릎과 엉덩이뼈가 많이 불편한 것 같았다. 그렇다고 대뜸 "무릎이랑 엉덩이뼈 많이 아프시죠?"라고 묻는 것은 실례다. 우선 그분의 마음을 여는 것이 중요하다. 그래서 이렇게 질문했다.

"선생님은 그 연세에도 피부가 참 좋으세요. 교직에 평생 계셨으면 속상한 일도 많으셨을 텐데 참 대단하시네요. 교직이 천직이어서 속 썩는 일 없이 즐겁게 일하셨나 봐요. 아이들을 가르쳤을 때 재미있는 일화 같은 것 있으세요?"

그러자 그분은 "맞아요. 재미있게 했어요. 아이들을 보면 지금도 좋아요. 학교에 돌아가고 싶을 때가 많아요"라고 했다. 그래서 칭찬을 이어갔다.

"대단하시네요. 지겹다는 분들도 있던데……. 대한민국 선생님들이 선생님처럼 사명감으로 아이들을 가르친다면 참 좋을 텐데."

칭찬을 싫어하는 사람은 없다. 마음이 많이 열린 듯하여 "선생님, 무릎하고 엉덩이뼈가 좀 편찮으시지 않으세요?"라고 질문했다. 그분은 잠시 멈칫하시더니 어떻게 알았느냐고 물었다. 그 뒤의 결과는 뻔하다. 물론 칭찬 한마디가 바로 계약으로 이어지는 것은 아니다. 그리고 제품을 팔기 위해 마음에도 없는 칭찬을 하는 것은 좋지 않다. 역효과를 낼 수도 있기 때문이다. 고객들은 상대방이 진심으로 자기를 대하는지 단지 물건을 팔기 위해 감언이설을 늘어놓는지 다 안다.

여성이 사업이나 직장생활, 봉사활동, 시민단체 활동 같은 사회활동을 활발히 하고 있다면 좋은 칭찬거리다. 사람은 누구나 능력 있는 사람으로 평가받기를 원한다. 또한 자신의 활동이 다른 사람에게 알려지기를 은근히 원하는 사람도 있다. 이런 칭찬거리들도 질문으로 마무리 짓는 게 중요하다.

- 여성 중에서 활발하게 사업하시는 분이 얼마나 되겠습니까? 저도 같은 여성이지만 겁이 나서 못하겠는데 참 대단하십니다. 어떻게 사업을 시작하게 되셨어요?
- 자기 살기도 바쁜데 지역에서 이렇게 훌륭한 일을 하시다니 참 멋지십니다. 많은 사람들이 회장님의 활동에 동참했으면 좋겠네요. 보람도 많으시죠?
- 여성이 바깥 활동을 하려면 많은 제약이 따르는데 참 대단하시네요. 아이들도 공부를 잘 한다면서요?
- 돈이나 시간이 많다고 해서 봉사활동을 하는 게 아니잖아요. 회장님 같은 분들이 계시니 이 사회가 살 만한 거예요. 그렇게 봉사활동을 하시는 이유를 여쭤봐도 될까요?

이런 질문이 가면 당연히 대답이 돌아올 것이다. 당신은 고객이 자연스럽게 자기 자신을 자랑할 수 있도록 길을 터줘야 한다. 그리고 자연스럽게 자신에 대한 이야기를 할 수 있도록 기회를 제공해야 한다. 하지만 고객이 자신의 경험담이나 활동을 자연스럽게 말하도록 하려면 다음과 같은 지혜로운 질문이 요구된다.

- 아이 키우랴, 직장생활하랴 참 힘드셨을 텐데 대단하시네요. 직장생활하며 가장 힘들었던 순간은 언제였나요?

- 남을 위해 봉사하는 일은 아무나 할 수 없잖아요. 이렇게 시간과 돈을 투자해 봉사활동을 하시는 분들을 보면 존경스러워요. 봉사란 배려심이나 희생정신이 없으면 힘들잖아요. 봉사활동을 시작하신 계기가 있었나요?"
- 아이들을 가르친다는 게 정말 어렵잖아요. 사명감이 없으면 어떻게 하겠어요. 선생님을 괜히 천직이라고 하겠어요? 아이들을 가르치다 보면 속상한 일도 많았을 텐데, 선생님은 어떻게 이겨내셨나요?
- 남성들도 힘들어하는 사업을 여성이 한다는 게 쉽지 않았을 텐데, 이렇게 사업을 하시게 된 동기가 있나요?"

이런 질문을 받으면 고객들은 자신의 이야기를 시작한다. 조금은 쑥스러워하며, 조금은 자랑스럽게 이야기할 때 당신은 가끔 맞장구만 쳐주면 된다. "네, 그래서요? 정말 대단하시네요. 그다음은 어떻게 되었어요?"와 같은 말은 추임새가 되어 고객의 이야기에 신바람을 불러일으킨다.

그렇다면 고객이 남성일 경우에는 어떻게 칭찬해야 할까? 여성은 외모, 옷, 액세서리 등을 먼저 칭찬하고 나서 성격이나 인품을 칭찬하는 것이 좋지만, 남성은 그 반대로 해야 좋아한다. 그리고 외모보다는 성격, 능력, 의지, 업적, 리더십 등을 칭찬하며 접근하는 게 효과적이다.

- 사장님께서는 사업에 성공하신 특별한 노하우가 있나요?

• 회사에 들어서니 직원들 표정이 정말 밝네요. 사장님께서 잘 해 주시나 봐요?
• 버스를 타고 오며 사장님이 어떤 분일까 궁금했는데, 성격도 호탕하시고 참 멋있으세요.”

부동산 사업을 하는 50대 후반의 사장님을 우연한 기회에 알게 되었다. 부동산 사업으로 큰돈을 벌어 지역에서는 재력가로 알려진 분이었다. 명함을 받아보니 뒷면에 ○○대학교 경영대학원 졸업, ○○클럽 회원, ○○동창회 이사 등이 빼곡히 적혀 있었다. 한여름에도 항상 정장을 하고, 사무실에는 유력인사들과 같이 찍은 사진과 감사패 등이 눈에 잘 띄었다. 이런 사람들은 누구보다 칭찬에 약하다.

여기서 잠깐 아부와 칭찬을 짚고 넘어가자. 마음에도 없으면서 어떤 이득을 취하려고 칭찬을 한다면 그것은 아부다. 그러나 고객에게 당신 제품이 반드시 필요한데 아직 필요를 느끼지 못할 때, 고객의 문제를 해결하기 위한 수단으로 칭찬을 한다면 그것은 진짜 칭찬이다. 당신 제품으로 고객의 문제를 해결할 수 있다면 보람 있는 일 아니겠는가!

그 사장님과 대화 중에 심장질환이 문뜩 발견되었다. 나는 칭찬과 함께 질문을 했다.

“사장님 대단하십니다. 어려운 어린 시절을 거쳐 자수성가하셨다더군요. 저도 부동산에 관심을 가지려고 하는데 어떻게 해야 하는지 통 모르겠더라고요. 특별한 비법이라도 있나요?”

이렇게 질문하자 그는 "비법이랄 게 뭐 있나요. 그냥 열심히 살다보니 이렇게 되었지요"라고 간단히 끝맺음하려 했다. 그래서 다시 칭찬과 질문을 이어갔다.

"사장님, 열심히 산다고 어디 아무나 되나요. 사장님 능력이 대단하신거죠. 경제나 경기 흐름을 읽는 감각이 탁월하지 않으면 부동산 사업은 할 수 없다는데, 정말 탁월하신 거죠. 그리고 사장님은 지역사회에 봉사도 많이 하시고, 어려운 사람들을 위해 후원금도 많이 내신다고 들었어요. 봉사활동을 하시게 된 계기라도 있나요?"

그러자 그분은 조금씩 마음을 열며 자신의 이야기를 시작했다. 그분에게 심장질환에 좋은 건강기능식품을 판매한 것은 물론이다. 이처럼 고객이 마음을 열고 나면 그다음부터는 아주 쉽다. 마음이 열려야 지갑이 열리는 법이다.

남성들이 건강기능식품을 구매하는 것은 아주 이례적이다. 따라서 건강기능식품을 사려는 남성에게는 자상함과 특별함을 칭찬하는 게 좋다.

"남성들은 직접 건강기능식품을 구입하는 예가 드문데, 선생님은 가족 사랑이 남다르시네요. 사모님 건강까지 신경 쓰시는 모습을 보니 부럽네요. 참 자상하신 분 같아요."

칭찬은 또한 고객의 마음을 진정시키고 위로한다. 이를 통해 고객에게 진심어린 말동무가 되어 고민이나 걱정거리를 잊을 수 있는 좋은 기회를 제공한 것이다. 그러나 칭찬이 쉬울 것 같지만, 습관이 들지 않으면 결코 쉽지 않다. 칭찬거리를 찾아내는 것도 쉬운 게 아니다. 고객의 마음을 열려면 평소에 칭찬거리를 찾아내 사심 없이 칭찬하는 연습을 해야 한다.

> 🖐 **오늘 당장 해야 할 일**
>
> 1. 가망고객 한 명을 골라 칭찬거리를 만들어보자.
>
> 2. 상황별로 칭찬 매뉴얼을 만들어보자.
>
> 3. 아직 SNS에 가입하지 않았다면 지금 가입한다.
>
> 🖐 **지속적으로 해야 할 일**
>
> 1. 고객과 관계 지향적 대화를 하기 위해 마음을 열자.
>
> 2. SNS로 고객과 자주 소통하자.
>
> 3. 칭찬거리가 없는 사람은 없다. 칭찬을 생활화하자.

02

영업과정에서의 질문법

영업을 잘 하려면 일반적으로 말을 잘해야 한다고 생각한다. 하지만 사실은 고객의 말을 잘 들어주는 게 더 중요하다. 영업에서 성공한 사람들이 공통적으로 하는 말이 있다. 듣기는 80%, 말하기는 20%만 하라는 것이다. 말을 잘 들어주려면 먼저 고객이 말을 해야 한다. 고객을 말하게 하는 방법이 바로 질문이다. 질문을 잘 해야 고객도 답을 잘 해준다.

질문을 하나 하겠다. 영업에서 가장 어려운 점을 꼽으라면 무엇인가? 대개는 문을 열고 들어가는 것이 가장 어렵다고 한다. 문을 열고 들어갔을 때 고객이 호의적인 반응을 보이면, 상품을 설명하고 구매를 요청하는 것은 그리 어렵지 않기 때문이다.

그러나 대부분 고객들은 시큰둥한 반응을 보인다. 재미있는 것은 좋은 성과를 내는 영업인과 그렇지 못한 영업인은 문을 열고 들어가

고객과 첫 대면을 하는 순간부터 차이가 난다는 것이다. 물론 그 원인에는 첫인상, 취급하는 제품의 인지도, 회사의 이미지 등 여러 가지가 있다.

여기서 살펴볼 주제는 질문이다. 그 차이는 '질문을 하느냐, 하지 않느냐', '어떤 질문을 어떻게 하느냐'에 따라서도 크게 달라진다. 여기서 질문을 잘하는 영업인을 질문형^{경청형} 영업인이라고 하고, 말을 많이 하는 영업인을 웅변형^{설득형} 영업인이라고 하겠다. 아래의 표를 살펴보자.

대화 유형	웅변형(설득형)	질문형(경청형)
표현력	말이 많다	말이 적다
첫 매출시기	빠르다(1~3회 방문 이내)	늦다(3회 이상 방문)
재구매율	낮다	높다
수금	잘 안된다	잘 된다
평균매출	불규칙하다	안정적이다
소개판매	적다	많다
열정	불규칙하다	일정하다
질문	적게 한다	많이 한다
고객의 신뢰도	낮다	높다

표에서도 알 수 있듯이 웅변형 영업인은 재구매률이 낮고, 소개판매가 적다. 당연히 좋은 성과를 낼 수 없다. 힘은 들고 성과는 만족스럽지 않으니 지칠 수밖에 없다. 반면 질문형 영업인은 재구매률이 높고, 소개판매가 많다. 적게 일하는 것 같지만 더 많은 성과를 낸다.

많은 세일즈 서적들이 고객 발굴을 강조한다. 그러나 소개판매가 많아지면 고객 발굴 자체가 필요 없어진다. 이 책들은 주로 영업을 하는 사람의 입장에서 내용이 구성되어 있다. 영업인의 입장에서 보면 영업과정은 곧 판매과정이라 할 수 있다.

> • 판매과정
>
> 가망고객 발굴 → 고객문제/필요 발견 → 해결책 제시 → 계약/판매 →
>
> 고객관리

이러한 판매과정을 보면, 영업인은 먼저 가망고객을 찾아내고, 필요와 문제, 욕구 등을 파악한 다음 해결책을 제시한다. 여기서 해결책을 제시한다는 것은 제품이나 서비스의 효과를 설명하는 것을 말한다. 고객이 망설이거나 거절을 하면 다시 한 번 압력을 가한다. 거절을 처리하는 과정이 필요한 것이다. 이 과정이 물론 틀린 것은 아니지만, 효과적인 것도 아니다.

그렇다면 이 과정을 고객의 입장에서 보면 어떻게 될까? 영업인에게는 판매과정이지만 고객에게는 구매과정이다.

> • 구매과정
>
> 필요인식 → 결정고민 → 불안해결 → 구매결정 → 제품사용

이 구매과정을 보면, 고객은 일단 자신의 문제를 알고, 그 문제해결

이 필요하다고 생각해야^{필요인식} 물건을 구매하려고 생각한다. 물건을 구매하려고 해도 막상 무엇으로 할지 고민스럽다^{결정고민}. 그다음에 '이 물건을 잘 사는 것인가' 하는 불안단계를 거치는데, 이것이 해결되어야^{불안해결} 비로소 구매를 결정해 제품을 사용한다.

지금 타고 다니는 차에 불만이 없으면 고객은 굳이 바꿀 생각을 하지 않는다. 차가 오래됐다거나 안전에 문제가 있다거나 혹은 작아서 창피하다는 문제점을 발견하고, 불만을 느껴야 새로 사야겠다는 생각을 한다. 이것을 필요인식 단계라고 한다. 이 단계에서 고객의 주된 관심사는 '지금 내가 갖고 있는 자동차에 대해 어떤 조치를 취해야 하는가?'다.

그리고 나면 '내가 선택할 수 있는 것은 무엇인가?', '수리해서 탈 것인가, 새 것을 살 것인가, 중고차를 살 것인가?', '산다면 어떤 차를 살 것인가?', '여러 차종 중에서 어느 회사, 어떤 차를 살 것인가?'와 같은 것을 고민하기 시작한다. 이 단계를 결정고민 단계라고 한다. 이 단계에서 고객은 수많은 선택을 놓고 고민하다가 자신이 최선이라고 생각하는 것을 선택하게 된다.

예를 들어 골다공증이 있는 50대 중반의 여성이 뼈를 튼튼하게 할 방법을 찾고 있다. 이 여성은 무엇으로 뼈를 튼튼하게 할지 고민한다. 건강기능식품 회사마다 칼슘제를 만들고 병원, 한의원, 약국에서도 팔고 있다. 아니면 사골을 사다가 푹 고아서 먹을 수도 있다. 여러 가지 선택 가운데 자신에게 가장 좋은 것을 고르는 것은 고객의 권리다.

그리고 나면 고객은 그다음 단계, 즉 불안해결 단계에 도달한다. 차를 바꾸기로 결정했고, 많은 고민 끝에 최선을 선택했지만 또 한 번 주저한다. '제대로 사는 것일까?', '더 싸게 사는 방법은 없을까?', '혹시 미처 발견하지 못한 결점이 있는 것은 아닐까?', '애프터서비스는 잘 해줄까?'와 같은 두려움 때문이다. 이런 불안이 해소되기 전에 고객은 구매를 결정할 수 없다.

고객은 이런 단계를 거쳐 제품을 구매한다. 따라서 당신은 각각의 단계에 적절히 개입하여 고객이 올바른 결정을 내릴 수 있도록 유도해야 한다. 이때 개입하는 방법이 중요한데, 그 대표적인 방법이 질문이다. 질문으로 고객이 구매를 스스로 결정하도록 개입하는 것이다. 사람은 억지로 하는 것보다 본인이 원하고 선택한 일에 더 많은 동기부여가 된다. 다음의 이야기는 에드워드 L. 데시와 리처드 플래스트가 공동으로 작업한 《마음의 작동법》에 나오는 내용이다.

고모님은 몇 년 동안 고혈압 약을 드셨다. 하지만 처방대로 약을 복용하는 경우가 드물었고, 졸도나 흉통 등으로 자주 응급실 신세를 졌다. 의사는 당연히 고모님을 심하게 책망했다. 약을 처방해주면서 매일 아침 잊지 말고 복용해야 한다고, 안 그랬다가는 끔찍한 일이 일어날 수 있다고 강조했다.

하지만 고모님은 그 후로도 약을 제때 복용하지 않았다. 그러다 진짜 끔찍한 일이 일어나기도 했다. 하지만 다행히 최악의 상황까지는 가지 않았다. 대체 왜 약을 꼬박꼬박 먹지 않느냐고 물으면 고모님은 깜빡깜빡해서 그렇다고 대답했다.

최근에 오랜만에 고모님을 만났다. 그런데 고모님의 상태가 훨씬 좋아져 있었다. 약을 꼬박꼬박 복용하고 있고, 몇 달째 응급실에 실려간 일도 없다고 한다. 고모님께 어떤 변화가 일어난 것일까?

우선 의사가 바뀌었다. 고모님은 새 의사를 예전 의사보다 훨씬 좋아했다. 새 의사는 어떻게 약을 복용하는 것이 좋을지 고모님과 오랜 시간 대화를 나눴고, 하루 중 언제 약을 먹는 것이 가장 좋으냐고 물어보기도 했다. 고모님은 잠시 생각을 해보고는 잠자리에 들기 전에 먹는 게 좋겠다고 말했다. 약을 복용할 시간을 스스로 선택하게 한 이 사소한 차이가 전혀 다른 결과를 가져온 것이다. 이제 고모님은 하루도 잊지 않고 약을 복용하면서 이상증세도 보이지 않는다.

필요하지도 않고 구매할 생각도 없는데 친구가 찾아와 사정을 해서 건강기능식품을 샀다고 가정해보자. 이는 외부에서 동기가 주입되어 구매를 한 것이다. 이런 경우 대개가 제품에 대한 책임감이 없기 때문에 꾸준히 복용도 하지 않는다. 1년이 지나도 먼지가 쌓인 채 구석에 처박혀 있게 마련이다.

이런 고객은 당연히 재구매도 하지 않을뿐더러 다른 고객을 소개해주지도 않는다. 영업으로 고객의 문제를 해결한 게 아니라 오히려 문제 하나를 안겨준 꼴이다. 이것은 올바른 영업방법이 아니다. 따라서 당신이 해야 할 첫 번째 질문은 '어떻게 하면 물건을 팔 수 있을까?'가 아니라 '어떻게 해야 고객이 스스로 물건을 구매할 조건을 만들 수 있을까?'다. 이것이 올바르고 궁극적인 질문이다.

그렇다면 위에서 말한 고객의 구매과정 중 가장 중요한 단계는 어디일까? 당연히 필요인식 단계다. 고객이 제품을 구매하기 위해서는 어쨌거나 필요하다고 느껴야 한다. 고객이 자신의 문제와 욕구를 해결하기 위해서 필요를 느끼도록 만드는 것이 가장 중요한 세일즈 과정인 것이다. 이 단계에서 필요한 것이 질문이다. 질문은 고객의 잠재된 필요를 현재의 필요로 바꾸는 데 매우 유용한 수단이기 때문이다.

그렇다면 질문이 어떤 기능을 하는지 자세히 알아보자.

첫째, 질문을 하면 고객의 문제를 알 수 있다.

고객의 문제를 알아내 해결책을 제시하는 것은 영업의 기본이다. 그러나 당신이 먼저 문제를 지적하면 고객은 오히려 숨기려고 한다. 따라서 다음과 같은 질문을 통해 고객이 자신의 문제를 말하도록 유도해야 한다.

- 현재 고객님의 가장 어려운 문제는 무엇입니까?
- 언제부터 이런 문제를 가지고 있었습니까?
- 몸이 많이 안 좋아 보이시네요? 건강에 문제가 있으신가요?
- 현재 거래처에 대한 가장 큰 불만은 무엇입니까?
- 혹시 소화기관에 문제가 있지 않으신가요?
- 화장품을 사용했을 때 부작용이 많은 편입니까?

이렇게 질문하면 자신의 문제를 말할 수밖에 없다. 만약 당신의 질문에 자신이나 회사의 문제를 사실대로 말한다면 구매확률이 높은 고객이다. 구매할 의사가 없는 고객은 굳이 자신의 문제를 말하지 않는다. 당신은 고객의 문제를 정확히 알아야 적절한 제품으로 맞춤 설명을 할 수 있다.

고객은 자신이 필요하다고 생각해야 제품을 구매한다. 따라서 고객의 필요를 알고 충족시켜야만 구매동기를 자극할 수 있다. 고객에게 가장 필요한 것이 무엇인지 제대로 알려면 질문을 한 후 고객의 대답을 잘 듣는 방법밖에 없다.

- 고객님의 문제를 해결하려면 무엇이 가장 필요하다고 생각하십니까?
- 현재 고객님에게 가장 필요한 것은 무엇입니까?
- 높은 성과를 올리려면 무엇이 가장 필요하다고 생각하십니까?
- 당뇨는 합병증이 위험한데 혈당 조절은 어떻게 하십니까?
- 어린 자녀들은 활동량이 많아 사고 위험이 높은데 보험은 들어놨나요?
- 고객님, 그러니까 눈가의 주름을 해결하고 싶다는 말씀이시죠?

영업달인들은 이와 같은 질문을 통해 고객에게 무엇이 필요한지 정확히 짚어낸다. 고객의 가려운 곳을 정확히 알고 긁어주는 것은 영업을 하는 사람이라면 마땅히 해야 할 일이다. 고객이 진짜 필요로 하는 것을 모르면 정확히 긁어줄 수가 없다. 그리고 고객이 필요로 하는 것을 알았다면 그것을 충족시키는 제품으로 상담을 시작하면 된다.

셋째, 고객은 무엇이 필요한지 스스로 깨닫게 된다.

당신이 아무리 설명을 해도 고객은 스스로 필요하다고 느끼지 않으면 절대 구매하지 않는다. 따라서 고객이 필요하다고 느끼게 하려면 고객 스스로 자신의 문제가 얼마나 심각한지 깨닫게 해서 제품의 필요성을 긍정하는 말을 하도록 질문하면 된다.

- 지금 고객님의 문제가 앞으로 어떤 영향을 미칠까요?
- 높은 성과를 올리는 데 가장 큰 걸림돌은 무엇입니까?
- 주변에 당뇨 합병증으로 시력이 떨어져 고생하는 분이 있는데, 고객님은 당뇨를 어떻게 관리하시나요?
- 내일 일은 아무도 모르잖아요. 그러니 가장은 항상 만약의 경우를 생각해야 하지 않을까요?
- 고객님은 은퇴 후 돌아가실 때까지 얼마의 돈이 필요할지 생각해 보셨나요?
- 자외선이 피부 노화의 주범인데 자외선을 피하려면 뭐가 가장 중요하다고 생각하십니까?

고객들은 위와 같은 질문에 답변을 하면서 자신에게 문제가 있다는 것과 해결책을 차츰 깨닫게 된다. 이런저런 이유로 구매를 미루는 고객에게도 질문은 효과가 크다. 고객은 질문에 대답하며 스스로의 구매동기를 자극할 수 있기 때문이다.

넷째, 문제가 해결되면 어떤 이익이 있는지 알게 한다.

당신은 문제가 해결되면 고객에게 무엇이 좋은지, 어떤 이익이 있는지 굳이 설명할 필요가 없다. 적절한 질문으로 고객이 스스로 말하게 하면 된다. 고객들은 얻게 될 이익을 당신에게 듣는 것보다 자신의 입으로 말할 때 더 확신을 갖게 된다.

- 이런 문제가 해결된다면 고객님에게 무슨 이익이 있을까요?
- 은퇴 후 여유가 있으면 무엇을 가장 하고 싶으신가요?
- 관절이 좋아져 자유롭게 다닐 수 있다면, 어디를 제일 먼저 가고 싶으세요?
- 건강문제가 해결되면 가장 하고 싶은 일은 무엇입니까?
- 피부가 깨끗해지면 참 좋겠지요, 고객님?

고객들이 제품이나 서비스를 구매하는 동기는 이용 후에 효과를 보기 위함이다. 그 효과와 이익을 고객들이 자신의 입으로 말하고 긍정하면 구매 확률이 더 많이 올라가지 않을 수 없다.

다섯째, 고객의 불만이나 반론에 대응하는 좋은 수단이 된다.

고객들이 가격이 비싸다고 이의를 제기하는 경우가 있다. 이때는 장황하게 설명할 필요가 없다. 질문으로 응수하면 된다.

고　객: 가격이 생각보다 꽤 비싸네요?

영업인: 비싸다고요? 왜 그런지 말씀해주실래요?

이렇게 질문하면 공은 고객에게 넘어간다. 그러면 고객은 자신의 생각을 말하지 않을 수 없다. 가격이 구매에 미치는 영향은 사실 생각보다 작은 편이다. 일반적으로 고객은 다른 이유가 있으면서 가격을 핑계 삼아 거절하기 일쑤다. 적절한 질문은 고객에게 거절의 진정한 이유를 말하게 한다. 다른 거절 이유도 마찬가지다. 다음과 같이 설명 대신 질문을 하면 좋은 결과를 얻을 수 있다.

고　　객: 다시 한 번 생각해볼게요.
영업인: 생각해보겠다고 하시는 게 저희 제품의 효과와 관련된 것입
　　　　니까?

이에 대해 고객은 제품의 효과에 대한 것이라고 말할 수도 있고, 다른 이유를 댈 수도 있다. 당신은 고객의 거절 이유를 정확히 알고 대응해야만 좋은 결과를 얻을 수 있다.

여섯째, 효과적인 고객관리를 할 수 있다.

많은 고객들은 제품에 불만이 있거나 의문이 있더라도 말을 하지 않는다. 그렇다고 해서 모든 게 잘되고 있다고 생각하면 큰 착각이다. 고객의 마음속에 있는 불만을 제대로 처리하지 못하면 재구매는 절대 일어나지 않는다. 당신의 총매출 가운데 재구매율이 낮다면 고객관리에 문제가 있다고 보면 된다. 고객관리를 잘하려면 질문을 많이 해야 한다. 질문을 해야 고객의 불편과 불만을 듣고 개선할 수 있다.

- 우리에게 고쳐야 할 것이 있다면 무엇입니까?
- 고객님께서 원하시는 것을 우리가 충족시키고 있나요? 혹시 그렇지 않다면 말씀해주십시오.
- 고객님의 건강관리에 우리가 어떤 도움이 되고 있나요?
- 저희 제품이 고객님의 피부관리에 도움이 되고 있나요?
- 저희 제품을 이용하면서 불편하신 점이 있다면 말씀해주시겠습니까?

하고 싶은 말이 있지만 눈치를 보느라 말을 못하고 있는 고객이라면 이러한 질문을 반가워할 것이다. 질문은 직접 방문해서 하면 좋겠지만 전화나 문자메시지, 이메일을 이용할 수도 있다. 그리고 제품별로 고객관리용 질문 목록을 만들어 사용하면 편리하다.

일곱째, 대화의 주도권을 잡을 수 있다.

사람들은 본인이 말을 계속해야 대화를 주도한다고 생각한다. 하지만 그것은 착각이다. 영업달인들은 상황에 맞는 적절한 질문으로 대화를 유리하게 이끌어 간다. 고객은 제품 구매에 부담을 느끼면 대화의 흐름을 바꾸려고 한다. 고객에게 끌려 다니면 판매는 못하고 시간만 낭비할 수 있다. 그래서 영업달인들은 적절한 질문으로 대화를 주도하고, 아니다 싶으면 다른 고객을 찾아 나선다.

🍐 **오늘 당장 해야 할 일**

1. 고객을 만나면 말을 많이 하는지, 말을 많이 듣는지 생각해보자.

2. 고객을 만나자마자 제품 설명부터 하는지 생각해보자.

3. 고객에게 필요하지 않은 제품을 판매한 적이 있는지 생각해보자.

✒ 지속적으로 해야 할 일

1. 고객을 만나면 먼저 질문을 하고, 이야기를 경청하자.

2. 질문의 유용성을 알고, 질문법을 배우기 위해 노력하자.

3. 고객을 만나기 전에 무슨 질문을 할지 계획을 세우자.

03

고객의 문제 찾아내기

1. 고객의 문제와 욕구 찾아내기

이제 본격적으로 고객의 문제를 찾아내고, 그 문제를 키우는 방법을 공부해보자. 먼저 공부할 것은 탐색질문이다. 당신은 고객의 무엇을 탐색해야 할까? 고객의 현재 상황과 고객의 문제, 욕구 등을 탐색해야 한다. 탐색질문은 고객이 자신의 상황이나 문제를 스스로 이야기하도록 유도하는 방법이다.

만약 당신이 고객을 만나자마자 다짜고짜 이런저런 문제가 있으니 제품을 구매해야 한다고 주장하면 어떻게 될까? 고객은 매우 불쾌할 것이다. 그러면 아주 건방진 사람으로 찍혀 방문이나 전화조차 거절당할지도 모른다. 보험영업을 할 때 고객에게 "보험 하나 없으면 당신이 죽은 후 나머지 가족은 어떻게 살겠습니까?"라고 직설적으로 묻는다면 고객은 심란해질 것이다.

따라서 고객의 문제를 직접 지적해서는 안 된다. 당신은 질문만 하면 된다. 고객은 질문에 답하면서 자신의 문제를 스스로 깨닫기 때문이다. 이 때 중요한 것은 반드시 당신의 제품으로 해결할 수 있는 문제에 대한 질문이어야 한다는 것이다. 당신의 제품으로 해결할 수 없는 문제를 질문하는 것은 시간낭비다.

그러기 위해서는 당신의 제품이 고객의 어떤 문제를 해결할 수 있는지부터 알아야 한다. 제품을 제대로 알지 못하면 본의 아니게 거짓말을 하거나 과장을 해서 판매하게 된다. 따라서 영업인은 고객을 만나기전에 여러 가지 탐색질문을 준비해놓고 연습해야 한다.

그다음으로 중요한 것은 탐색질문을 했을 때, 고객이 자신의 문제를 순순히 말했다고 해서 그것이 문제의 전부인 양 바로 해결책을 제시해서는 안 된다는 것이다. 당신은 고객의 문제를 분명히 알기 위해 탐색질문을 계속 해야 한다. 그래야 고객의 문제를 좀 더 알 수 있고, 고객도 자신의 문제를 명확하게 인정하게 된다. 2차, 3차 탐색질문을 다음의 문장에 대입하여 연습해보자.

- 고객님께 어떤 문제가 있는지 확실히 알고 싶습니다. 고객님이 갖고 있는 ○○문제에 관해 좀 더 말씀해주시겠습니까?
- 문제가 얼마나 자주 일어납니까?
- 항상 그런가요, 아니면 일시적인가요?
- ○○이 고객님의 가장 큰 골칫거리입니까? 다른 문제는 없나요?

위의 예문에 당신의 제품으로 해결할 수 있는 고객의 문제를 대입해 질문을 만들어보라. 다음은 고객이 문제가 한두 개가 아니라는 사실을 스스로 인식하게 만드는 질문법이다.

- 고객님이 느끼시는 증세에 대해 좀 더 자세히 말씀해주실래요?
- 다리 저림 증세가 자주 일어납니까?
- 문제가 일시적인가요 아니면 오래된 문제인가요?
- 그외에 또 불편한 점은 없나요?

초보 영업인일수록 판매에 급급해 이런 추가 탐색질문을 놓치기 쉽다. 그들은 고객의 작은 문제를 발견하자마자 바로 해결책을 제시하려 든다. 어떤 증세가 살짝만 비쳐도 이것을 먹어야 한다는 둥 저것을 먹어야 한다는 둥 제품을 설명하기에 바쁘다. 그러면 고객들은 금세 피곤해한다.

그러므로 자기 증세를 말하면 추가 질문으로 고객의 문제를 더 밝혀나가야 한다. 고객은 추가 질문에 답변을 하면서 자신의 문제가 만만치 않다는 것을 차츰 깨닫게 된다. 다음으로는 건강기능식품과 화장품, 보험에 써먹을 수 있는 탐색질문의 예문을 살펴보겠다. 굳이 외울 필요는 없지만, 자신이 취급하는 상품에 맞추어 탐색질문을 만들어보는 것은 필요하다.

<건강기능식품의 탐색질문>

- 현재 고객님의 건강문제는 무엇입니까?

- 왜 그런 문제가 생겼다고 생각하십니까?

- 건강기능식품을 구매하실 때 가장 중요하게 생각하는 것은 무엇입니까?

- 고객님의 건강을 위해 가장 시급한 것은 무엇이라고 생각하십니까?

- 혹시 변비 때문에 고생하지 않으세요? 화장실은 며칠에 한 번 가세요?

- 속이 쓰리거나 아프지 않으세요? 그런 증세는 주로 언제 나타납니까?

- 감기와 같은 잔병치레를 자주 하시나요?

- 위에 염증이 있으신가요? 증세를 좀 더 자세히 말씀해주실래요?

- 팔다리가 얼마나 저리신가요? 항상 그런가요, 아니면 일시적인가요?

- 혹시 손발이 차갑지 않으세요?

- 다리에 쥐가 얼마나 자주 나시나요?

- 숨이 차고 답답하지 않으세요? 가슴이 조여드는 증세도 있나요?

- 고객님의 증세를 자세히 말씀해 주시겠습니까?

- 원인 불명의 두통이 있거나 어지럼증이 자주 생기시나요?

- 무릎이 아프지 않으세요? 증세에 대해 좀 더 말씀해주실래요?

- 관절이 붓거나 뻣뻣하신가요?

- 골밀도 검사는 받아 보셨어요?

- 우리나라 여성들은 칼슘이 많이 부족하다던데 혹시 들어보셨나요?

- 계단을 오르내리실 때 불편하신가요?

- 평소 과일이나 채소를 많이 드시나요?

- 하시는 일에 집중이 안 되거나 신경이 예민해지지 않나요?

- 그전보다 집중력이 떨어졌다고 느끼지 않으세요?

- 우울증이나 불면증으로 고생하지 않으세요?

- 운동 후 혹은 몸을 많이 움직인 후 피로를 많이 느끼십니까?

- 기력이 많이 딸리지는 않나요?

- 최근 이유 없이 몸이 무겁고 피로를 많이 느끼지는 않습니까?

- 잠을 푹 자기가 힘드십니까?

- 양치질 할 때 구역질이 나십니까?

- 최근 들어 술이 많이 약해지셨나요?

- 담배를 많이 피우십니까?

〈화장품의 탐색질문〉

- 현재 고객님의 피부는 무엇이 문제입니까?

- 피부에 왜 그런 문제가 생겼다고 생각하십니까?

- 기능성 화장품을 살 때 가장 중요하게 생각하는 것은 무엇입니까?

- 피부 건강을 위하여 가장 시급한 게 무엇이라고 생각하십니까?

- 아침에 세안하고 나면 피부가 당기시나요?

- 피부가 건성이십니까?

- 피부에 각질이 많이 쌓이나요?

- 최근 피지 분비가 줄어들어 얼굴이 많이 건조해지셨나요?

- 피부 트러블은 주로 어떤 경우에 많이 생기나요?

- 요즘 같은 환절기에 피부가 쉽게 건조해지지는 않나요?

- 피부가 칙칙해지는 원인은 알고 계신가요?

- 여드름이나 뾰루지가 자주 생기나요?

- 피부가 거칠고 푸석거리지는 않나요?

- 화장이 뜨지는 않나요?

- 화장을 하면 답답하신가요?

- 메이크업이 번들거리는 편인가요?

- 땀을 흘리면 화장이 잘 지워지나요?

- 모공 때문에 고민하시나요?

- 주로 어느 부위의 모공이 넓어졌나요?

- 기미나 잡티가 고민되시나요?

- 연세 드실수록 잔주름이 눈에 띄니 속상하시죠?

- 입가 주름이 신경 쓰이시나요?

- 피부 노화는 자외선이 원인인데, 자외선 차단제는 바르시나요?

- 눈가에 피부 탄력이 떨어지고 주름이 눈에 띄십니까?

- 뺨이나 턱, 눈가에 피부 처짐이 느껴지시나요?

- 피부 마사지는 받고 계신가요?

〈보험의 탐색질문〉

- 40대가 되면 보험이 필요한데, 어떤 보험에 가입하고 계신가요?

- 보험은 만약의 경우를 대비하는 것입니다. 앞날은 누구도 예측할 수 없잖아요.

  고객님의 생각은 어떻습니까?

- 우리나라 사람은 일생 동안 평균 몇 번의 교통사고가 나는지 아세요?

- 교통사고가 나면 무엇이 가장 문제가 될까요?

- 미래를 위해 어떤 계획을 가지고 계신가요?

- 평생을 관리할 수 있는 재무설계가 필요하지 않으신가요?

- 누구나 보험은 하나씩 가입해 있죠. 지금쯤 보장자산이 얼마나 되는지 검토하시는 게 좋지 않을까요?

- 보험에 가입하실 때 가장 고려하는 점은 무엇입니까?

- 노후를 위한 준비는 충분하신가요?

- 은퇴 후 매달 얼마 정도의 연금이 나오는지 알아보셨나요?

- 사고나 질병은 내 마음대로 할 수 없잖아요. 그래서 보험이 필요한 것 아닐까요?

- 생명보험은 가족을 위해 절실한 생필품이라고 생각하는데 고객님 생각은 어떠신가요?

- 상속세 문제가 고객님이 걱정하는 가장 중요한 문제입니까?

- 가장 우려하는 질병은 무엇입니까? 그 질병을 보장해주는 보험에 가입하시는 데 무엇이 가장 중요한 문제입니까?

- 혹시 동일한 위험 보장이 여러 건의 보험에 포함되어 있습니까?

이제 탐색질문이 무엇인지 어느 정도 이해가 되었을 것이다. 하지만 책을 읽는 것만으로는 현장에서 효과를 볼 수 없다. 모든 공부가 그렇듯이 자신이 직접 해봐야 한다. 다음은 건강기능식품 사례이다. 이것을 참고로 자신이 취급하는 제품이나 서비스의 탐색질문을 만들어 연습해보라.

취급상품	해결할 수 있는 고객의 문제
(예) 간기능 개선제품	- 간 손상으로 간 기능이 떨어짐 - 잦은 피로감 - 지방간 등
탐색질문	- 요즘 많이 피곤하신가요? - 기력이 많이 딸리지는 않나요? - 최근 이유 없이 몸이 무겁고 피로를 많이 느끼십니까?

취급상품	해결할 수 있는 고객의 문제
나의 취급상품	
탐색질문	

2. 탐색질문에서 심화질문으로

고객은 자신의 문제를 알고 있어도 당장 해결책이 필요하다고 생각지는 않는다. 가령 팔과 다리가 저려 혈액순환에 문제가 있는 것을 알았더라도 고객은 그 문제를 당장 해결하려고 하지 않는 것이다. 당신은 이런 고객을 만나면 지금 해결하지 않으면 더 큰 문제가 발생할지도 모른다는 사실을 일깨워줘야 한다.

경험이 짧거나 성과가 없는 사람은 고객의 문제를 조금만 알아도 바로 해결책을 말한다. 그러면 고객은 '가격이 좀 비싸다', '생각해보겠다', '상의해봐야 한다'와 같은 핑계를 댄다. 더 큰 문제가 발생할 수 있다는 사실은 일깨워주어야 하는 이유가 바로 여기에 있다. 그렇다면 고객을 어떻게 일깨워주어야 할까?

당신은 구멍 난 가마솥을 때우기 위해 땜장이를 불러본 적이 있는가? 땜장이는 녹을 벗긴다며 망치로 살살 두드려 구멍을 더 크게 만들어버린다. 그러고는 가마솥 주인에게 "이것 보세요! 큰일 날 뻔했어요. 하마터면 새 솥을 사야 할 뻔했네"라고 말한다.

땜장이는 이렇게 구멍을 잔뜩 키워 놓고서야 땜질을 한다. 그러면 가마솥 주인은 고맙다며 비싼 값을 치른다. 땜장이는 작은 구멍을 키워 문제를 키웠고, 주인은 작은 구멍인줄 알았는데 큰 구멍이었다는 것을 알고는 안도의 한숨을 내쉬며 고마워한다.

중국 위나라에 편작이라는 명의가 있었다. 하루는 위나라 왕이 편작에게 "삼형제가 모두 의사인데, 셋 중에서 누가 가장 훌륭한 의사인가?"라고 물었다. 편작이 "큰형이 가장 훌륭한 의사이고, 작은형도 저보다 좋은 의사입니다. 제가 실력이 가장 모자라지만, 가장 유명하기는 합니다"라고 답했다. 왕이 고개를 갸우뚱거리며 그 이유를 물었다. 그러자 편작이 이렇게 설명했다.

"큰형은 환자가 증상을 호소하기 전에 질병을 발견해 치료하기 때문에 가장 훌륭한 의사입니다. 그러나 그러한 이유로 능력을 인정받기가 힘들어서 저희만 형을 존경하지요. 두 번째로 훌륭한 의사인 작은형은 환자가 초기 증세를 보일 때 질병을 치료합니다. 통증이 미미할 때 치료하므로 작은 병만 잘 치료하는 것으로 알려져 고향에서만 유명세를 조금 타는 정도입니다. 저는 질병이 한참 진행되었을 때에서야 치료합니다. 그래서 병을 고치거나 완화시키려고 천자^{끝이 날카로운 의료도구로 환자의 신체를 찌르는 행위}나 사혈을 하고, 독을 이용한 치료나 수술을 하면 환자와 절박한 심정이었던 가족들이 상당히 만족스러워합니다. 이것이 바로 제가 국경을 뛰어넘어 유명한 이유입니다."

즉 편작이 유명해진 것은 고객의 문제가 최대한 커졌을 때 해결해주었기 때문이다. 가끔 신문에 명의들이 소개되는 것을 보면 이비인후과나 예방의학과 교수들은 거의 눈에 띄지 않는다. 대부분이 암수술 전문의나 심장병 전문의처럼 큰 병을 다스리는 의사들이다. 대부분의 고객들은 큰 문제를 해결했을 때 더 큰 고마움을 느끼고 더 많은 비용을 지불한다.

그러나 오래된 자동차라서 바꿔야겠다는 사람도 있지만, 굴러만 가도 그냥 타는 사람이 있다. 그렇다면 자동차를 파는 사람들은 어떻게 심화질문을 해야 할까? 다음과 같이 해야 한다.

- 자동차가 자주 고장을 일으키지 않나요?
- 새 차를 사는 것보다 고장 수리에 돈이 더 들지 않나요?
- 갑자기 차가 고장나서 약속시간에 늦은 적 없으세요?
- 낡은 차 때문에 비즈니스에 손해를 본 적은 없습니까?

이 질문들은 오래된 차를 계속 탈 경우 손해를 볼 수 있다는 것을 강조한다. 고객은 이 질문에 답을 하면서 앞으로 어떤 안 좋은 일들이 일어날지 실감하게 된다. 따라서 심화질문은 지금의 문제를 바로 해결하지 않았을 때 발생할 수 있는 미래의 사태에 초점을 맞추어야 한다.

그렇다고 해서 이것이 건강기능식품을 판매하는 사람에게 고객의 건강이 안 좋아졌을 때를 기다려 상담하라는 것은 아니다. 현재의 작은 증세를 방치하면 장차 더 큰 질병으로 발전할 수도 있다는 것을 깨닫게 하는 것이 포인트다.

주변에서 이렇게 말하는 영업인들을 볼 수 있다.

고　　객: 요즘 팔다리가 저리네요.

영업인: 그래요? 그거 혈액순환이 안 되서 그러는 거예요. 우리 회사에서 혈액순환제가 나오는데, 이것만 먹으면 팔다리 저린 건 싹 없어져요.

고　　객: ······.

당신도 혹시 이렇게 영업을 하지는 않는가? 건강기능식품 판매회사에 서너 달 정도 다니면 머릿속이 제품에 대한 지식으로 꽉 차게 마련이다. 그러다가 명절을 맞이해 온 가족이 모여 음식을 만들다 보면 어디가 아프다, 어떤 증세가 있다는 말을 자연스레 듣게 된다.

그러면 초보 영업인은 "혈액순환이 안 돼서 그런 거예요. 혈액순환제 드셔야 돼요", "간 기능이 떨어져서 그런 거예요. 간에 좋은 거 드셔야 돼요"라며 제품을 홍보한다. 친목회나 동창회에서도 마찬가지다. 누가 작은 증세만 이야기해도 제품 설명에 열을 올린다.

이런 영업인을 좋아할 사람은 없다. 많은 영업인들이 이와 같은 잘못을 저지른다. 심화질문이란 탐색질문과 추가 탐색질문으로 고객의 문제가 충분히 밝혀졌다고 판단될 때 필요한 것이다. 특히 가격이 비싼 제품의 경우에는 심화질문이 반드시 필요하다.

심화질문은 고객들이 가볍게 생각하는 문제에 초점을 맞춰 문제를 확대하고 심각성을 알려 제품의 필요성을 강조하기 위한 질문이다. 지금 이 문제가 개선되지 않는다면 앞으로 어떤 결과가 초래될지 알려줘 이런저런 핑계로 구매를 미루는 고객에게 결정을 앞당기도록 유도하는 질문이다.

하지만 심화질문은 자신이 취급하는 제품의 기능과 고객의 문제를 정확히 알고 있을 때 가능하다. 따라서 평소에 많은 준비가 필요하다. 다음은 각각의 상품별 심화질문이다.

〈건강기능식품의 탐색질문〉

- 혈압이 높으면 뇌졸중 위험이 몇 배 더 높은지는 알고 계시죠?

- 등산을 하거나 길을 걸을 때 어떤 증세가 나타납니까?

- 콜레스테롤 수치가 높으면 건강에 어떤 영향을 미치는지 아시는지요?

- 골다공증이 있는 분이 잘못 넘어지면 뼈가 부러지는 것이 아니라 으스러지기 때문에 회복에 오랜 시간이 걸려 온 가족을 힘들게 합니다. 치료비도 많이 들고요. 제 말이 맞죠?

- 고혈압은 많은 합병증을 일으켜 위험합니다. 심장, 신장, 뇌혈관에 문제가 생기면 돈은 돈대로 들고 고생은 고생대로 하면서도 완전히 회복되지 않지요. 고객님도 그렇게 생각하시죠?

- 간 기능이 떨어져 직장생활에 어떤 영향이 있습니까?

〈화장품 영업의 심화질문〉

- 피부가 건조해지면서 미세 주름이 늘어나지 않았나요?

- 피지 분비가 줄면서 탄력이 떨어지고 피부색도 칙칙해지지 않았나요?

- 피부에 탄력이 떨어지면 얼굴이 어떻게 될까요?

- 피부가 건조하고 피지 분비가 안 되면 피부상태가 어떻게 될까요?

- 건성피부라면 어떤 증세가 나타날까요?

- 피부가 건조해지면 얼굴에 어떤 영향을 미치는지 알고 계신가요?

- 피부가 거칠고 푸석거려 메이크업이 뜨지 않나요?

- 모공이 한번 넓어지면 되돌리기 힘들다는 것은 알고 계시죠?

- 잔주름이 생기려고 할 때 잡아주지 않으면 어떻게 될까요?

- 기미나 잡티 때문에 어떤 문제가 생길까요?

- 화장을 제대로 지우지 않으면 피부에 어떤 영향이 생길까요?

- 세안 시 수분을 너무 많이 뺏기면 피부에 어떤 영향을 줄까요?

- 피부 저항력이 떨어지면 피부 트러블이 생기는 것은 알고 계시죠?

〈보험영업의 심화질문〉

- 젊었을 때 재테크에 관심이 없다면 나중에 어떤 손해가 날까요?

- 고령화 사회의 가장 큰 문제는 무엇일까요?

- 최근 노인범죄가 왜 늘겠어요. 저는 경제적인 문제 때문이라고 생각하는데, 고객님 생각은 어떠세요?

- 가장인 고객님께 큰 문제가 생기면 가족들은 누가 책임집니까?

- 노후에 정기적으로 들어오는 수입이 없다고 상상해보세요? 어떤 문제가 생길까요?

- 우리나라 사람은 대개 암이나 심혈관계 질환으로 사망합니다. 이에 대비를 안 하시면 가족을 잃은 슬픔과 생활고로 유족이 어떻게 될까요?

∷ 심화질문 연습

밝혀진 고객의 문제	잦은 음주, 과중한 업무, 스트레스로 늘 피로감을 느낌
심화질문	- 간 기능이 떨어지면 직장생활에 어떤 영향이 있나요? - 이런 증세를 방치하면 어떻게 되는지 아시죠? - 간과 관련한 가족력이 있나요?

밝혀진 고객의 문제	- 연금보험에 가입해 있지 않음 - 특별한 노후설계가 안 되어 있음
심화질문	- 고령화 사회에서 가장 큰 문제는 무엇일까요? - 노후에 정기적으로 들어오는 수입이 없다고 상상해보세요. 어떤 문제가 생길까요? - 가장인 고객님께 큰 문제가 생긴다면 가족들은 누가 책임지겠습니까?

밝혀진 고객의 문제	
심화질문	

    이제 심화질문을 차근차근 연습해보자. 이 책은 빨리 읽는 게 중요한 것이 아니다. 이해가 되지 않는다면 다시 한 번 읽어보고 연습해야 한다. 먼저 글로 쓰는 나서 말로 연습하면 좋다. 이런 과정을 반복해 완전히 내 것으로 만들어야 현장에서 자유롭게 사용할 수 있다.

👉 오늘 당장 해야 할 일

1. 당신이 취급하는 제품의 탐색질문을 만들어보자.
2. 당신이 취급하는 제품의 심화질문을 만들어보자.
3. 고객에 맞는 탐색질문과 심화질문을 만들어보자.

👉 지속적으로 해야 할 일

1. 고객을 만나기 전에 항상 탐색질문과 심화질문을 준비하자.
2. 수시로 질문을 연습하여 입에 붙게 하자.
3. 질문은 고객을 이해하기 위한 것이다. 팔기 전에 고객을 이해하는 태도를 갖자.

04

고객의 욕구 강화하기

세계경영연구원IGM 협상스쿨의 최철규 원장이 〈조선일보〉에 기고한 글에는 웅진그룹 윤석금 회장의 일화가 나온다.

그는 백과사전 외판원이었다. 하루는 연탄가게 앞에서 바쁘게 연탄을 나르고 있는 한 남성을 만났다. 그가 말을 붙였다.

"사장님 계세요?"

얼굴에 검은 석탄 가루를 묻힌 남자가 답했다.

"제가 사장입니다."

사장과 직원의 구분이 없을 정도로 작고 허름한 가게였다. 연탄 몇 장을 함께 나르던 그가 다시 말을 건넸다.

"집에 혹시 백과사전 필요하지 않으세요?"

가격을 들은 주인은 기겁하며 손을 내저었다. 하지만 그는 가게 주인의 말 속에 녹아 있는 마음을 읽으려고 했다. 자녀들이 자기와는 다른 삶을 살기를 원하는 부정을 느낄 수 있었다. 설득이 이어졌다.

"지금 이렇게 고생하시는 것도 다 자식을 위해서 아닙니까? 자녀분들이 가게를 물려받아 평생 연탄을 나른다고 생각해보세요. 그렇게 안 되려면 아이들이 많이 배워야 합니다. 하고 싶은 일을 하면서 살게 해줘야죠."

결국은 계약서 위로 연탄재가 묻은 주인의 손이 올라갔다.

여기서 윤석금 회장이 한 질문이 심화질문과 해결질문이다. 윤 회장이 한 질문을 다시 한 번 살펴보자. "지금 이렇게 고생하시는 것도 다 자식을 위해서 아닙니까? 자녀분들이 가게를 물려받아 평생 연탄을 나른다고 생각해보세요"라는 부분은 심화질문에 해당한다. 자식들이 공부를 하지 않으면 당신처럼 연탄 배달이나 하며 살아야 한다고 살짝 겁(?)을 주고 있다.

그리고 곧바로 백과사전으로 공부했을 때 아이들의 미래를 머릿속에 그리도록 했다. "그렇게 안 되려면 아이들이 많이 배워야 합니다. 하고 싶은 일을 하면서 살게 해줘야죠"라고 말이다. 이 말 한마디로 연탄가게 사장의 머릿속에는 어떤 그림이 그려졌을까? 자녀들이 편안하게 책상에 앉아서 일을 하는 모습이 겹쳐졌을 것이다. 이 말은 비록 질문 형식을 띠지는 않지만 백과사전을 공부한 아이들의 미래를 머릿속에 그리도록 유도하고 있다. 그래서 결국 연탄가게 사장은 비싼 백과사전을 구매했던 것이다.

여기서 더 나아가 고객의 필요와 욕구를 강화시키는 마지막 강력한 펀치가 해결질문이다. 해결질문은 고객이 얻을 수 있는 효과를 고객 스스로 말하도록 하는 것이다. 이것은 고객의 욕구와 필요를 강화하는 데 아주 중요하다. 해결질문은 현재 고객의 문제가 해결되면 어떤 이익이 있는지를 명확하고 구체적으로 깨닫게 한다. 앞에서 한 질문들이 고객의 문제에 초점을 맞추었다면 해결질문은 고객의 관심을 해결책으로 전환한다.

당신은 자동차를 왜 구입하는가? 20여 년 전 자동차를 구입했던 친구에게 들은 다음의 이야기는 해결질문의 위력을 잘 보여준다.

어느 날 친구가 고급 승용차를 타고 나타났다. 차가 딱히 필요한 친구도 아니었고, 당시 나이나 소득에 비해 너무 좋은 차를 사서 의아했다. 그래서 이유를 물었다. 그 이유를 듣고는 자동차 영업사원에게 감탄하지 않을 수 없었다. 영업사원은 친구에게 이렇게 질문을 했던 것이다.

"선생님, 왜 아직도 결혼을 못하신 줄 아세요?"

"……."

"차가 없어서 그런 거예요."

"결혼과 차가 무슨 상관이죠?"

"선생님이 여자를 차에 태워 대부도나 월미도로 가서 시원한 바다바람도 쐬고 회도 사준다고 생각해보세요. 어떤 여자가 반하지 않겠어요? 선생님은 차가 없으시니 그렇게 못하시잖아요. 그게 아직 결혼을 못하신 이유예요. 어떻게 생각하세요? 제 말이 맞지 않나요?"

이 질문을 받고 친구는 여자를 차에 태우고 놀러가는 상상을 했을 것이다. 머릿속에 그림을 그린 것이다. 이것이 바로 해결질문의 효과다. 만약 영업사원이 차의 성능이나 디자인 등을 말했다면 친구는 차를 사지 않았을 것이다. 해결질문을 좀 더 쉽게 이해하기 위해 다음의 질문들을 살펴보자.

- 혈액순환 개선이 고객님께서 해결할 가장 중요한 문제인가요?
- 다른 문제보다 혈액순환 개선이 필요한 이유가 있으신가요?
- 혈액순환이 잘 되는 방법이 있다면 어떻게 하시겠습니까?

위의 질문들은 혈액순환 개선이 꼭 필요하고, 혈액순환이 개선되면 왜 좋은지를 고객이 답하도록 유도하고 있다. 이처럼 해결질문은 문제가 해결되면 무엇이 좋은지를 고객 스스로 말하게 하고, 영업인 자신에게 문제해결 방법이 있다는 사실을 슬쩍 흘리는 유도기제다. 고객이 얻을 수 있는 이익을 자신의 입으로 말함으로써 해결책에 대한 욕구, 즉 구매 욕구가 생기도록 만든다.

당신 제품이 저렴하다면 탐색질문과 심화질문만으로도 구매율을 높일 수도 있다. 고객은 자신의 문제가 해결된다는 확신이 없어도 가격이 저렴하면 구매를 하기 때문이다. 그러나 가격이 높다면 고객은 신중에 신중을 더할 것이다. 그런데 이럴 때에도 해결질문은 고객이 구매를 결정하는 데 중요한 역할을 한다. 당신이 해결질문을 하면 고객은 답을 하면서 문제가 해결되면 나에게 어떤 이익이 생길지 머릿속에 그리기 시작한다.

이처럼 해결질문은 해결책에 대한 기대감을 키워 구매 욕구에 불을 붙이는 효과가 있다. 다음은 해결질문을 할 때 쓰는 전형적인 표현들이다.

- ~하면 얼마나 좋을까요?
- ~하면 신나지 않겠어요?
- ~하면 자랑스럽지 않을까요?
- ~한다면, ~을 상상해보세요. 좋지 않겠습니까?
- ~하면 어떻겠습니까?

다음 문장에 당신이 취급하는 제품을 대입하여 고객에게 어떤 이익이 있을지 질문해보라.

〈건강기능식품 영업의 해결질문〉

- 엄마의 건강한 모습을 보면 누가 가장 기뻐할까요?

- 간 기능이 좋아지면 회사 업무에 얼마나 도움이 될까요?

- 간 기능 개선이 고객님께 왜 중요할까요?

- 고객님의 간 기능을 개선하는 방법이 있다면 어떻게 하시겠습니까?

- 관절염이 없다면 고객님은 어디를 가고 싶으세요?

- 소화가 잘 돼서 먹고 싶은 것을 마음껏 먹는다면 얼마나 좋을까요?

- 현대인에게 암이 많이 발병하는 것은 유해 독성물질 때문입니다. 몸 안에서 그

것을 빼내 면역력도 기르고 암도 예방한다면 참 좋겠죠?

- 아이들이 밥 잘 먹고, 잔병치레 안 하고, 알레르기도 없고, 공부까지 잘한다면 더 바랄 게 없겠지요?

- 친구들 중 중풍으로 고생하시는 분들 계시죠. 본인도 고생이지만 자식들에게 못할 짓이죠. 중풍이나 치매 같은 것 없이 건강하게 살고 싶지 않으세요?

- 조금만 걸어도 가슴이 답답하다고 하셨죠? 이것이 고객님께 가장 중요한 문제입니까?

- 건강한 모습으로 친구들과 산에 오르는 모습을 상상해보세요. 즐겁지 않겠습니까?

〈화장품 영업의 해결질문〉

- 고객님의 피부문제를 해결하려면 어떻게 해야 할까요?

- 건조한 피부를 해결하는 데 어떤 방법이 있을까요?

- 피부가 건조하지 않고 하루 종일 촉촉하다면 참 좋으시겠지요?

- 피부가 탱탱하면 5년은 더 젊어 보일 텐데, 그럼 얼마나 좋겠어요?

- 눈가에 잔주름만 없어도 훨씬 젊어 보일 텐데, 고객님 생각은 어떠세요?

- 얼굴이 쉽게 건조했는데 이제 해결할 수 있겠네요. 그렇죠? 고객님?

- 피부가 매끄럽고 탱탱해지면 자신감이 생기지 않을까요?

- 메이크업이 뜨지 않도록 하는 방법을 알고 싶지 않으세요?

- 여성스럽고 부드러운 느낌을 주는 메이크업이라면 만족하시겠어요?

- 유수분의 밸런스를 조정해야 되지 않을까요?

- 젤 타입의 수분크림을 바르면 유수분 균형이 맞춰지지 않을까요?

- 눈에 띄는 모공을 잘 가려준다면 피부색이 산뜻하지 않을까요?

- 잡티만 가려줘도 훨씬 젊어 보일 텐데. 고객님 생각도 저와 같으시죠?

- 잡티 없이 산뜻한 얼굴로 친구들을 만난다면 신나겠지요?

- 보톡스나 필러처럼 주름관리를 해주면서 부작용이 없다면 어떨까요?

- 아름다운 모습을 보면 남편이나 아이들이 좋아하지 않을까요?

- 젊음을 지키고 싶으시죠? 그러면 기능성 화장품에 투자하시는 게 어떻겠습니까?

〈보험영업의 해결질문〉

- 아이들을 위한 대비책이 필요하지 않을까요?

- 자녀들의 상속세 부담을 줄일 방안이 있다면, 그러실 생각이 있으신가요?

- 은퇴 후 지금과 같은 생활수준을 유지하려면 무엇이 필요하겠습니까?

- 노후연금은 자식보다 든든하다는 말이 있지요. 노년에 용돈을 받아쓰려면 어떤 방법이 가장 좋을까요?

- 질병으로 입원을 하거나 수술을 했을 때 목돈이 들지 않으려면 어떤 방법이 있을까요?

- 젊었을 때는 질병과 사고에 대한 보장을 받고, 노후에는 연금으로 여유 있는 생활을 한다면 좋지 않을까요?

- 재무설계를 통해 인생을 효과적으로 관리한다면 무엇이 가장 좋을까요?

- 위험은 언제 어디서 발생할지 모르니 생애 전 기간에 걸쳐 보장을 받아야 하지 않을까요?

밝혀진 고객의 문제	잦은 음주, 과중한 업무, 스트레스로 늘 피로감을 느낌
해결질문	- 간 기능이 좋아지면 일하는데 어떤 도움이 있을까요? - 간 기능 개선이 고객님께 왜 중요할까요? - 간 기능을 개선하는 방법이 있다면 어떻게 하시겠습니까?

밝혀진 고객의 문제	- 연금보험에 가입해 있지 않음 - 특별한 노후설계가 안 되어 있음
해결질문	- 은퇴 후에 지금과 같은 생활수준을 유지하려면 무엇이 필요할까요? - 노후연급은 자식보다 든든하다는 말이 있습니다. 노년에 용돈을 받아쓰려면 어떤 방법이 가장 좋을까요? - 위험은 언제 어디서 발생할지 모르니 생애 전 기간에 걸쳐 보장을 받아야 하지 않을까요?

밝혀진 고객의 문제	
심화질문	

당신이 취급하는 제품이 그리 비싸지 않다면 굳이 해결질문까지 갈 필요가 없다. 그러나 고객이 반드시 필요로 하는 제품이지만, 가격 때문에 구매를 미루려 한다면 앞에서 공부한 심화질문이나 해결질문이 큰 효력을 발휘한다. 단 질문은 연습하지 않으면 무용지물이다.

✍ 오늘 당장 해야 할 일

1. 당신 제품으로 문제가 해결된 후 고객이 누리는 혜택을 상상해보자.

2. 위의 상상을 바탕으로 해결질문을 만들어보자.

3. 그동안 공부한 탐색질문, 심화질문, 해결질문으로 시나리오를 만들어보자.

✍ 지속적으로 해야 할 일

1. 가망고객을 만나기 전에 항상 해결질문을 준비하자.

2. 시나리오를 바탕으로 동료들과 역할극을 해보자.

3. 고객을 만나기 전에 역할극 시나리오를 머릿속으로 그려보자.

05

고객의 고민과 불안 해결하기

고객의 구매과정을 다시 한 번 살펴보자.

필요인식 → 결정고민 → 불안해결 → 구매결정 → 제품사용

모든 영업과정에서 가장 중요한 것은 필요인식 단계라고 말했다. 앞에서 당신은 고객이 자신의 문제를 깨닫고, 그 문제를 해결하는 것이 지금 당장 필요하도록 만드는 것에 대해 살펴봤다. 이 단계를 거치면 고객은 그 문제의 해결방법을 찾으려고 할 것이다.

그러나 해결방법을 선택하는 기준은 고객마다 다르다. 우선 결정고민 단계에 들어간다. 이 단계에서 당신이 할 일은 무엇을 결정할지 고민하는 고객에게 자신의 제품을 선택하도록 유도하는 것이다.

가령 먹는 물 때문에 고민하는 사람이 있다고 가정해보자. 이 사람

은 맑은 물에 대한 욕구가 있다. 이 사람의 머릿속에는 '정수기를 설치할까?', '정수기를 설치한다면 어느 회사 것으로 하지?', '그냥 보리차를 끓여 먹을까?', '운동 삼아 약수터에 가서 길어다 먹을까?'와 같은 대안이 있다.

이런 대안을 놓고 고객이 고민할 때 당신이 정수기 영업을 한다면 어떤 선택을 권유할까? 당연히 자사 제품을 권할 것이다. 결정고민 단계에서 당신의 역할은 고객이 현명한 결정을 내릴 수 있도록 도와주는 조언자의 역할이다. 그리고 그 역할은 결국 고객이 자사 제품을 결정하도록 유도하는 것을 말한다.

그렇다면 왜 그래야 할까? 당신은 자신의 제품이 최고라고 생각지 않는가? 만약 이 질문에 자신 있게 답할 수 없다면 영업을 할 필요가 없다. 타사 제품이 더 좋다고 생각하면서도 고객에게는 자사 제품이 최고라고 한다면 거짓말을 하는 것이다.

그러면 고객은 어떤 기준으로 제품을 선택할까? 가격이 싸서일까? 효과가 탁월해서일까? 영업인이 좋아서일까? 자꾸 사달라니까 귀찮아서일까? 구매를 결정할 때, 선택의 기준은 고객마다 다르다. 사람에 따라 다를 수도 있고, 제품에 따라 다를 수도 있다.

그렇다면 고객들이 건강기능식품을 선택하는 기준은 무엇일까? 효과, 가격, 영업인의 태도, 신뢰성, 회사의 인지도 등이 될 것이다. 그리고 보험상품의 경우에는 보험료, 보장 내용, 보험 기간, 사후 서비스, 신뢰성 등이 선택 기준이 될 것이다. 자동차의 경우에는 배기량, 가격, 안전성, 소음, 용도, 중고 시세, 옵션 여부, 제조사 등이 선택 기준이 될 것이다.

이중에서 선호하는 결정 기준과 일치하는 부분이 많으면 많을수록 고객이 당신 제품을 선택할 가능성은 높다. 하지만 중요한 것은 이런 기준들이 고정된 것이 아니라는 것이다. 그래서 영업달인들은 고객의 결정 기준과 자신의 제품이 일치하도록 영향을 미친다.

예를 들어 당신 제품이 품질면에서는 우수하지만, 고객은 품질보다 가격이 싼 제품을 원할 수도 있다. 이런 경우, 품질이 왜 중요한지 고객에게 강조해야 한다. 고객의 결정 기준에서 품질의 중요성을 높이는 것이다. 따라서 영업인은 품질이 떨어지는 제품을 구입할 때 일어날 수 있는 문제점을 파악하고, 고객에게 자세히 알려줘야 한다.

결정고민 단계에서 제일 먼저 할 일은 가망고객의 결정 기준을 알아내는 것이다. 가격이 결정적 요인인지, 제품 효과가 결정적 요인인지 알아야 한다. 이 밖에도 고객은 여러 가지 결정 기준을 가지고 있다. 화장품은 기능성도 중요하지만 용기의 디자인도 중요하고, 현재 누가 쓰고 있는지도 중요하다.

또한 영업인의 신뢰성도 중요한 결정 기준이다. 값비싼 제품을 구입할 때 남성의 70%는 제품을 보고, 30%는 판매원을 본다고 한다. 반면 여성은 70%가 판매원을 보고, 30%가 제품을 본다고 한다. 이렇듯 남성에 비해 여성은 판매원과 감정소통이 원활하게 이루어질 때에야 비로소 물건을 구입한다.

아무튼 구매의 결정 기준은 이렇게 사람마다 다르다. 그렇다면 왜 다른 것일까? 이것을 이해하기 위해서는 사람의 머릿속을 들여다봐야 한다. 사람의 뇌에서는 여러 가지 호르몬이 나온다. 그 호르몬의 작용에 따라 구매 성격이 다르게 나타난다.

이러한 작용은 거의 무의식중에 일어난다. 예를 들어 가격을 깎는 사람과 안 깎는 사람, 신상품에 열광하는 사람과 그렇지 않은 사람, 큰 차를 선호하는 사람과 그렇지 않은 사람, 명품을 좋아하는 사람과 그렇지 않은 사람 등의 차이는 모두 호르몬의 영향에서 비롯된 것이다.

필자는 호르몬을 공부하면서 '왜 소형 아파트에 사는 사람들은 가격을 깎지 않는 것일까? 그리고 부자들은 왜 작은 것까지도 깎으려고 하는 것일까?'에 대한 답을 얻었다. 그렇다면 호르몬과 고객의 구매 동기 사이에는 어떤 연관성이 있을까? 이것에 대해 본격적으로 알아보자.

신경마케팅의 권위자인 한스-게오르크 호이첼이 쓴《뇌, 욕망의 비밀을 풀다》에 따르면, 뇌에는 삶을 지배하는 3가지 커다란 시스템이 있다고 한다. 이 시스템은 뇌에서 분비되는 호르몬에 의해 작동한다. 다음의 표를 한 번 보자.

- **삶을 지배하는 뇌 속의 3가지 시스템**

시스템	성향	호르몬
균형시스템	안전감, 안정성, 보살핌 욕구	옥시토신
지배시스템	경쟁, 축출, 권력, 우월	테스토스테론
자극시스템	탐색, 발견, 모험	도파민

균형 시스템은 옥시토신의 영향을 받는다. 이는 뇌에서 가장 막강한 힘을 가진 세력으로 고요함과 안전감을 추구하게 한다. 그리고 위

험과 불확실성을 피하도록 해 안정을 추구하고 조화롭게 지내도록
한다. 익숙한 장소나 질서를 유지하고 있을 때 행복감을 느끼는 것은
바로 균형 시스템의 영향 때문이다.

그에 반해 지배 시스템은 테스토스테론의 영향으로 경쟁자를 물리
치고, 권력을 차지하며, 영향력을 넓혀나가도록 한다. 그래서 지배 시
스템의 영향을 받는 사람은 위로 올라가거나 다른 사람보다 뛰어나
려고 노력하며, 권력을 갖고 싶어 한다.

이로 인해 능동적으로 일을 하고, 끊임없이 도전하는 성향을 갖는다.
인간 발전의 원동력으로 작용하는 적극적인 시스템이라고 할 수 있다.
그러나 이런 욕망들이 충족되면 자부심과 우월감, 승리감을 체험하지
만, 충족되지 못하면 노여움, 분노, 불안감 등의 반응을 나타나게 된다.

자극 시스템은 도파민의 영향을 받는다. 자극 시스템의 영향 아래

- 가격을 대하는 태도

시스템	태도
균형 시스템	- 근검절약형으로 만약의 사태에 대비하여 돈을 절약한다. - 높은 안정성과 품질, 신뢰성을 약속하는 상품에는 기꺼이 돈을 지불한다.
지배 시스템	- 가격 흥정은 일종의 게임이다. - 내가 생각한 것만큼 가격을 깎으면 자기 능력의 척도로 받아들인다. - 자신의 능력을 과시할 수 있다면 비싼 돈을 기꺼이 지불한다.
자극 시스템	- 최대한 적은 돈으로 최대한 많은 혜택을 체험하려고 한다. - 평소 물건을 안 가져가다가 시상식 등이 있을 때만 급히 가져간다.

있는 사람은 새로운 것을 찾아다니거나 여행과 영화를 즐기고, 새로운 음식을 먹어보는 등 늘 짜릿하고 새로운 자극을 찾아다닌다. 이 3가지 시스템에 따라 가격을 대하는 태도가 달라진다.

위의 3가지 시스템을 기본으로 고객은 다음과 같이 7가지 유형으로 나눌 수 있다.

① 전통주의자

꼼꼼하게 점검하고 오랫동안 세부적인 것에 매달린다. 조심스런 성격으로 새로운 것에 개방적인 태도를 취하지 않는다. 그리고 구매를 결정할 때, 제품의 안정성과 신뢰감, 품질에 대한 확신이 매우 큰 비중을 차지한다. 이것이 충족되면 단골 충성고객이 된다.

그리고 가격에 대한 태도는 기본적으로 절약정신이 바탕이 된다. 이들은 병원을 자주 방문하고, 건강문제에 관심이 높으며, 눈에 띄는 것을 싫어하고, 불안감에 시달린다. 그래서 스트레스 호르몬인 노르아드레날린과 코르티졸 수치가 높다.

② 조화론자

전통주의자와 비슷하지만, 특히 여성에게 많다. 결합과 보살핌이 강하고, 유대감을 느끼는 사람에게 구매를 한다. 그리고 아늑함과 조화로움이 넘치며, 가정을 소중히 여긴다. 자기보다는 남편이나 아이들 것을 챙기는 편이고, 옥시토신 농도가 강하다. 특히 정원, 고향, 부엌, 애완동물과 관련된 제품에 큰 관심을 보인다.

③ 향유자

높은 만족감을 약속하거나 환상을 자극하여 꿈의 세계로 유혹하는 상품을 선호한다. 작은 사치와 약간의 방종을 즐긴다. 쇼핑을 즐기고, 분위기 있는 찻집을 찾는다. 다른 사람을 만나는 것을 좋아하고, 새로운 사람을 만날 수 있는 자리나 이벤트를 즐긴다. 건강에 대한 태도는 낙관적이며, 돈은 부차적인 문제로 여기지만 가끔 머릿속으로 계산을 하기도 한다.

④ 향락주의자

언제나 새로운 것을 추구하고, 중독성 질환에 잘 걸린다. 시끌벅적한 것, 유별난 것, 개인적인 것을 중요하게 생각한다. 새로운 상품에 제일 먼저 관심을 보이고, 이국적인 음식이나 신제품에 제일 먼저 열광한다. 전형적인 충동구매자들이 많은 유형으로 많은 물건을 구입한다. 유행과 화장품에 관심이 많다.

⑤ 모험가

뇌 속에 도파민이 풍부하다. 향락에 전투적인 요소까지 더해져 노름이나 내기를 좋아한다. 자신의 의지를 관철하거나 능력을 입증하고 싶어 하며, 그 과정에서 무언가 체험하는 것을 좋아한다. 건강에 관심이 없다. 위험에 대한 의식이 없어 몸을 혹사하기도 한다. 산악 자전거, 암벽 등반 등을 좋아한다. 이들은 대체로 관습을 부수고 밖으로 튀어나오는 편이다.

⑥ 실행가

테스토스테론이 주도권을 쥐고 있어 자신이 가장 뛰어난 존재이자 가장 위대한 존재라는 것을 보여주려고 한다. 뛰어난 성능과 기술적인 완벽함, 지위를 보장해주는 상품을 구매한다. 대개는 가격을 깎으려고 시도하지만, 지위와 특권이 보장되는 제품이면 가격에 별로 신경 쓰지 않는다. 고급 시계나 고급 승용차를 선호한다.

⑦ 규율숭배자

염세적이고 의구심에 가득 찬 태도로 세상을 대한다. 이들에게 즐거움이나 향락은 그저 보잘것없는 것에 불과하다. 꼭 필요한 물건만 구입하고, 쓸데없는 물건은 구입하지 않는다. 순수하게 기능성 위주로 구입하며, 품질과 보증을 중시한다. 가격을 꼼꼼히 비교하고, 구매를 결정하는 데 오랜 시간이 걸린다. 규율숭배자, 전통주의자, 실행가들은 공통적으로 상품의 테스트 결과에 집착한다. 객관적인 척도가 중요하고, 유행에 관심이 없다. 오직 제품의 기능과 효능만이 중요하다.

　당신은 하루에도 수많은 고객을 만나 상담을 할 것이다. 물론 보자마자 고객의 성격이나 구매심리를 알 수는 없을 것이다. 그러나 몇 번 만나보거나 대화를 하다 보면 대충은 파악할 수 있다. 고객의 성격을 알면 구매를 결정하는 기준도 알 수 있다. 따라서 당신은 가능한 한 빠른 시간 내에 고객의 구매 기준을 파악하고, 상담을 해야 한다.

　가령 당신이 만나려는 고객이 실행가 유형이라면, 경쟁에서 이기도록 해주거나 성취감을 자극할 수 있는 상품에 매력을 느끼게 마련이다. 그런 사람들을 만났을 때에는 다음과 같은 말을 되풀이해서 강조하면 상당히 효과적이다.

- 이 제품을 구입하면 다른 사람이 따라올 수 없을 정도로 앞서갈 수 있습니다.
- 이 제품을 구매하면 친구들이 많이 부러워할 것입니다.
- 이 제품은 지금까지 나온 제품 중에서 가장 뛰어납니다.
- 이 제품이 고객님의 자부심을 높여줄 것입니다.

규율숭배자에게는 확신을 심어주는 말을 많이 해야 한다. 이들은 실험 결과에 의해 우수성이 증명된 제품에 매력을 느끼는 편이며, 경제성이 우수해야 한다. 따라서 저렴한 가격으로 많이 살 수 있다거나 할인 폭이 크면 좋아한다. 그런 사람들에게는 다음과 같은 말이 효과를 발휘한다.

- 몇 개월만 지나면 구매 비용을 모두 회수할 수 있습니다.
- ○○연구원에서 품질의 우수성을 증명했습니다.
- 특별 기간에 제품을 구매하시면 ○○을 추가로 드리겠습니다.
- 이번 기회가 지나면 이렇게 저렴하고 혜택이 많은 제품은 구매할 수 없습니다.

전통주의자와 조화론자에게는 제품의 안정성과 신뢰감이 중요하다. 따라서 다른 사람도 지금 이 제품을 사용하고 있다는 말은 필수다. 그들에게는 다음과 같은 말이 먹힌다.

- 이 상품은 확실하게 효과가 보장된 상품입니다.
- 이 상품에 대해서는 걱정할 필요가 전혀 없습니다.
- 제품이 출시된 후 ○○명이 이 제품을 사용하고 있습니다.
- ○○ 씨도 이 제품을 구매해서 쓰고 있습니다.

향락주의자에게는 새로움을 강조해야 한다. 이들에게는 이 제품을 사용하는 첫 번째 소비자이자 유일한 소비자라는 사실을 알리는 것도 중요하다. 그러면서 최근 유행하는 상품이라는 사실도 알려줘야 한다. 그들에게는 다음의 말들이 효과적이다.

- 당신에게 처음으로 이 제품을 판매하는 것입니다.
- 지금 유행하고 있는 제품입니다.
- 상류층에서 유행하는 제품으로 특별히 고객님께만 권해드리는 것입니다.
- 눈에 확 띄는 디자인이 혁신적인 면모를 자랑합니다.

위의 문장들을 바탕으로 구매 성격별로 어떤 말을 해야 할지 시나리오를 미리 만들어 놓으면 아주 유용하다. 영업은 그때그때 즉흥적으로 대처하면 실패할 확률이 높다. 고객을 만나기 전에 계획하고 준비해서 입에 붙도록 연습해야 한다. 이러한 습관은 세일즈 능력을 향상시켜 높은 성과를 올리게 도와줄 것이다.

고객의 구매결정 기준을 알아냈으면 당신은 거기에 영향을 줘야 한다. 그러기 위해서는 고객이 미처 생각하지 못한 기준이나 요소를 알려줘야 한다. 그리고 고객의 중요한 구매결정 기준과 당신 제품이 합치되도록 바꿔줘야 한다. 또한 그 기준 가운데 당신 제품이나 서비스가 경쟁업체에 비해 유리한 것이 있으면, 그것을 부각시켜야 한다.

가령 보약을 예로 들어보자. 사람들은 왜 보약을 지어 먹을까? 그리고 고객의 구매결정 기준은 무엇일까? 대체로 한의사의 신뢰성과 한약효과의 신속성 등이 될 것이다. 건강기능식품을 파는 영업인이 고객의 이런 구매결정 기준에 영향을 미치지 못한다면 보약과의 경쟁에서 절대 이길 수가 없다.

정수기도 마찬가지다. 최근에는 많은 집에서 정수기를 사용하고 있다. 그렇다면 고객들은 왜 알칼리 이온수기를 설치하지 않고 정수기를 설치할까? 이온수기의 장점을 잘 모르거나 가격이 너무 비싸서 그럴 것이다.

이처럼 제품이 효과는 탁월한데 가격이 다소 비싸서 고객의 관심을 받지 못한다면, 가격보다는 효과와 효능이 더 중요하다는 것을 알려 고객이 구매결정 기준을 바꾸도록 해야 한다. 그리고 가격이 저렴하다면, 비싼 것이 좋을 것이라는 생각을 갖고 있는 고객에게 꼭 그렇지만은 않다고 강조해야 한다. 이것이 바로 구매결정 기준에 영향을 미치는 세일즈의 방법이다.

이것은 영업과정에서 아주 중요한 단계다. 그러나 여기서 명심할 것이 있다. 당신이 정한 결정 기준을 고객 역시 중요하게 여기는 것은 아니라는 점이다. 따라서 당신은 먼저 고객의 구매결정 기준을 존중해야 한다. 그것은 고객에게 매우 중요한 것이기 때문이다.

대부분의 사람들은 자신이 중요하다고 여기는 것을 바꾸려 하지 않는다. 그래서 고객의 결정 기준을 바꾸는 것은 쉬운 일이 아니다. 그렇다고 해서 불가능한 것은 아니다. 실제로 영업 달인들은 결정 기준을 다시 한 번 생각하도록 고객들을 설득하는 데 아주 뛰어나다.

고객이 지닌 결정 기준의 중요성을 감소시키는 데 효과적인 방법에는 4가지가 있다. 이 4가지 방법은 닐 라컴이 쓴《세일즈 전략과 협상》에서 빌려왔다. 개념은 그대로 사용하되 용어는 이해하기 쉽도록 바꿨다.

1. 기준 바꾸기

당신은 자신의 제품이 고객의 결정 기준을 충족시킬 수 없다면 기준 바꾸기를 시도해야 한다. 당신 제품의 강점을 강조하여 고객의 결정 기준이 되도록 바꾸는 것이다. 즉 영업 초기인 필요인식 단계에서 고객의 문제를 밝혀내 문제해결의 필요와 중요성을 강화시키고, 결정고민 단계에서 당신 제품이 결정 기준에 포함되도록 영향을 미치는 것이다.

기준 바꾸기는 영업인이 충족할 수 없는 결정 기준을 직접적으로 다루는 것이 아니다다. 오히려 고객의 결정 기준에 대해 말하지 않는 대신 다른 영역의 중요성을 강조하는 기법이다. 예를 들어 보험에 가입하려는 고객이 보장내용은 좋은데 보험료 납입기간이 너무 길어서 망설인다고 가정해보자. 이 고객의 결정 기준은 보험료 납입기간이다. 이 고객에게는 보험료 납입기간이 길어야 매월 납입보험료가 적고, 보장도 크다고 말해 결정 기준을 바꿔야 한다.

건강기능식품의 결정 기준은 가격과 효능이다. 가령 가격을 결정 기준으로 하는 고객에게는 현재의 건강상태를 설명한 후 제품의 효능을 강조하여 다소 비싸더라도 자사 제품을 구매하도록 하는 것이 기준 바꾸기를 활용한 세일즈의 방법이 된다.

하지만 기준 바꾸기에서 유념해야 할 것이 있다. 고객의 중요한 결정 기준을 깎아내리거나 과소평가해서는 안된다는 것이다. 그러한 시도는 오히려 역효과를 불러올 가능성이 크다. 따라서 기준 바꾸기는 고객의 중요한 기준을 인정하면서 시작해야 한다.

2. 의미 바꾸기

어떤 기준이 충족되어야만 제품을 구매하겠다고 고객이 말할 때가 있다. 이것은 고객이 그 기준을 바꾸기 어렵다는 것을 뜻한다. 그런 경우, 고객을 설득한다면 실패로 끝나거나 실익도 없는 논쟁에 빠질 가능성이 크다. 이때 필요한 방법이 의미 바꾸기다. 의미 바꾸기는 고객의 중요한 결정 기준이 잘못됐다고 말하는 것이 아니라 기준의 의미를 바꿔주는 작업이다.

예를 들어 가격이 싼 것을 원하는 고객이 있다고 가정해보자. 가격은 지불하는 금액이 많고 적음으로 결정되는 것이 아니라 고객의 만족도와 관계가 있다. 8천 원짜리 영화와 10만 원짜리 음악회를 예로 들어보자. 8천 원짜리 영화라도 재미가 없으면 돈이 아깝고 비싸다는 기분이 든다. 하지만 10만 원짜리 음악회라도 만족을 하면 비싸다는 생각이 들지 않는다.

건강기능식품도 마찬가지다. 여기서도 가격이 싸다, 비싸다는 의미는 단순히 지불한 금액이 많고, 적음의 문제가 아니다. 적은 금액을 지불했더라도 효과가 없으면 비싼 것이고, 많은 금액을 지불했더라도 효과가 좋으면 비싼 게 아니다. 만약 고객이 이와 같이 가격을 기준으로 내세운다면 당신은 만족도를 강조해 가격의 의미를 바꿔야 한다.

3. 장단점 이용하기

모든 고객들은 가격이 싸면서도 품질은 우수한 제품이나 서비스를 원한다. 하지만 비교를 해보면서 싼 것은 품질이나 서비스가 떨어지고, 비싼 것은 제품이나 서비스가 뛰어나다는 것을 알게 된다. 어떤 제품이나 서비스가 고객의 기준을 완전히 충족시킨다는 것은 사실 거의 불가능에 가깝다. 한 가지가 마음에 들면 두 가지는 마음에 안 들 때가 대부분이기 때문이다.

장단점 이용하기란 이런 경우에 고객이 가장 중요하게 생각하는 기준이 마음에 든다면 다른 것은 손해를 감내해야 한다는 것을 강조하는 방법이다. 가령 품질이 우수한 제품을 원하면 많은 돈을 지불해야 하고, 큰 자동차를 원하면 연비를 포기해야 한다는 것을 강조하는 것이 대표적이라고 할 수 있다.

　방문판매를 하는 영업인을 괴롭히는 것 중에 대표적인 것이 온라인 판매다. 건강기능식품, 화장품, 보험상품 등이 저렴한 가격으로 온라인에서도 판매되고 있기 때문이다. 이것에 대해서도 '장단점 이용하기'를 활용할 수 있다.

　온라인에서 구매를 하려는 고객에게는 직접 상품을 볼 수 없다는 위험성, 불충분한 서비스를 강조하면 효과가 있다. 그리고 건강식품이나 화장품은 유통기간이 있는데, 그것을 확인하지 않고 사는 것은 매우 위험하다는 사실을 알려주는 것도 장단점 이용하기를 활용한 세일즈 기법이다.

4. 대안 만들기

　위의 3가지 방법으로도 고객의 결정 기준을 만족시키지 못할 때가 있다. 가령 저렴한 가격을 선호하는 고객이 무리한 할인을 요구할 때가 여기에 해당된다. 특히 화장품이 그런 경우가 많다. 그렇다고 판매를 포기할 수는 없다. 이럴 때에는 피부관리나 견본품 챙겨주기, 덤으로 주기 등으로 극복해야 한다.

　이러한 대안 만들기는 창의적이고 열린 생각이 중요하게 작용한다. 따라서 당신은 제품을 구매하는 고객에게 대안으로 제공할 수 있는 것이 무엇인지 궁리를 해야 한다. 이 문제는 고객관리와도 직결된다. 어떤 유혹이 와도 꼼짝도 하지 않는 충성고객을 만드는 것은 당신 하기 나름이다.

🌰 **오늘 당장 해야 할 일**

1. 상담할 고객의 성격 유형을 나눠보고 구매심리를 알아보자.

2. 고객에게 어떤 질문을 하고 어떤 말로 설명할지 적어보자.

3. 제품에 약점이 있다면 이것을 어떻게 극복할지 적어보자.

🌰 **지속적으로 해야 할 일**

1. 고객에게 영향을 줄 수 있는 말들을 지속적으로 연구한다.

2. 고객의 결정 기준을 바꿀 수 있는 대안을 준비한다.

3. 고객의 성격 유형에 맞는 세일즈 기법을 개발한다.

06

바로 먹히는 해결책 제시하기

이제 고객에게 속 시원한 해결책을 제시할 차례다. 당신은 그동안 이전 과정을 거치면서 고객의 필요를 강화시켜왔다. 고객은 해결책을 궁금해하고 있다. "나한테 문제가 있음을 알았고, 문제의 심각성도 알았다. 그러면 당신이 갖고 있는 해결책은 무엇입니까?"라고 고객이 물을 것이다.

드디어 당신이 답할 차례다. 해결책을 제시했지만, 고객이 만족하지 않으면 상담은 실패다. 이것은 축구선수가 상대 문전까지 어렵게 공을 몰고 갔는데, 슈팅을 잘못한 것과 같다. 따라서 해결책을 제시하는 것은 슈팅을 하듯 해야 한다. 여기서는 효과적이고 정확한 해결책을 제시하는 방법으로 '휠러 포인트'를 소개한다.

휠러 포인트를 창안한 휠러의 아버지는 주유소를 운영했다. 방학을 하고 나서 얼마 후 휠러가 주유소에서 아버지의 일을 도와주고 있는데, 정유사 직원이 찾아와서 "자네는 고객들이 오면 뭐라고 하는가?" 라고 물었다. 휠러는 "얼마치를 넣어 드릴까요?" 라고 한다고 대답했다.

그러자 정유사 직원이 다음부터는 그렇게 하지 말고 "가득 넣어 드릴까요?"로 바꾸라고 조언을 했다. 그의 조언대로 했더니 기름을 가득 넣는 고객이 정말로 늘어났다. 당연히 주유소 매출이 올라갔다. 휠러는 이 일을 경험하며 영업에서 가장 중요한 것은 말이라는 것을 깨달았다. 그리고 이후에 휠러언어연구소와 휠러세일즈연구소를 설립해 수많은 영업인들을 교육했다.

휠러 포인트란 언어를 효율적으로 활용하는 5가지 원리를 말한다. 이것은 해결책을 어떻게 제시해야 할지 고민하는 영업인들에게 좋은 지침이 된다. 휠러 포인트에 대해 자세히 알아보자.

1. 스테이크가 아니라 '지글지글'을 팔아라!

휠러가 '지글지글'이라는 단어에서 의도한 것은 고객이 상품에서 느끼는 일차적인 매력을 말한다. 즉 고객의 관심을 사로잡아 생각을 집중하게 만드는 상품의 특징 또는 고객의 관심에 가장 밀접하게 연관되는 사실이나 상품의 특징을 의미한다고 하겠다.

당신은 '지글지글'을 강조하면 훨씬 많은 스테이크를 팔 수 있다. 가령 소고기를 판매할 때 "이 소고기는 횡성의 일등급 한우라서 육질이 어쩌고 저쩌고……"라는 것보다 "이 소고기를 프라이팬에 올려보세요. 고기가 지글지글 익으면서 육즙이……"라는 식으로 설명하면 고객은 마블링이 잘 된 소고기가 지글지글 구워지는 모습이 머릿속에 떠오르고, 입안에는 침이 고인다. '지글지글'이라는 메시지가 구매자의 식욕을 끌어올리는 것이다.

이와 같이 상품의 일차적인 매력은 즉각적이고, 비이성적^{감성적}이어야 한다. '지글지글 익는 스테이크, 방울방울 기포가 올라오는 와인, 알싸한 치즈 냄새, 그윽한 커피 향기' 등이 대표적인 예다. 따라서 당신은 고객을 유혹할 수 있는 최상의 메시지를 만들어내야 한다. 다음은 알로에 화장품을 파는 분에게서 들은 이야기다.

길을 지나는 사람들에게 "안녕하세요? ○○알로에의 A화장품입니다. 견본 하나씩 받아가세요" 라고 하는데, 전혀 관심이 없었어요. 어쩌면 당연했죠. 고객들 머릿속에 A화장품의 이미지가 없었기 때문이죠. 이름도 생소한데 받아가라고 해봤자 고객의 관심을 끌 수 없었던 것이죠. 그러니 누가 바쁜 걸음을 멈추고 견본을 굳이 받아가려고 했겠어요.

그래서 말을 바꿨죠. "여름철 피부에 좋은 알로에 받아가세요" 라고 했더니 조금 관심을 보이더군요. 그러나 이것으로도 부족하다고 느꼈어요. 그래서 이렇게 말을 바꿨죠. "여름철 햇볕에 지친 피부를 촉촉하고 탄력 있게 바꿔주는 알로에 화장품 A입니다" 라고 말이죠. 그랬더니 지나가는 사람들이 큰 관심을 보이며 받아가더라구요.

이분의 마지막 말에는 '지글지글'이 있다. '피부를 촉촉하고 탄력 있게 바꿔주는'이 그것이다. 그 말을 하자 고객들이 관심을 보이고 질문도 많이 했다고 한다. 이것이 바로 '지글지글'의 위력이다. 당신도 이처럼 자신만의 사고방식에서 벗어나 고객의 머릿속으로 들어가야 한다.

'지글지글'이란 고객의 핵심 관심사를 파악해 그것을 집중적으로 공략하는 것을 말한다. 따라서 당신이 제품이나 서비스를 설명할 때는 고객이 얻을 수 있는 가장 크고 직접적인 이익, 즉 '지글지글'을 먼저 말해야 한다. 다음은 한 상조회사에서 휠러 포인트를 강의할 때의 일이다.

한 번은 강의를 듣는 사람들에게 "고객들이 당신 회사의 상품에 가입하는 이유는 무엇입니까? 그리고 상조에 가입해서 고객이 얻을 수 있는 혜택은 무엇입니까?" 라는 질문을 던졌다. 이 질문을 통해 '지글지글' 이 뭐냐고 물었던 것이다. 그러자 고객이 얻을 수 있는 혜택은 '만기 시 원금 100% 환급' , '재해 사망 시 장례서비스 무료 진행' 등이 있다는 답변이 돌아왔다. 그래서 말했다.

"그것은 '지글지글' 이 아닙니다. 만기 시 100% 환급이라고 하셨죠? 그럼 이자도 줍니까? 돈을 목적으로 한다면 은행에 적금을 들지 뭐하러 이자도 없는 상조회사에 10년씩 납입을 하겠습니까? 재해 사망 시 장례 서비스 무료 진행도 마찬가지입니다. 무료 서비스라고 해도 삼사백만 원짜리 혜택 아닙니까? 만약 이 돈을 보험회사에 납부했다고 해보세요. 천만 원대의 보험금을 받을 수 있을 겁니다."

고객이 상조상품에 왜 가입하는지 정확히 알아야 지글지글을 찾아낼 수 있고, 고객의 문제를 해결할 수 있는 강력한 메시지를 전달할 수 있다. 그래서 직접 경험했던 예를 하나 들어 설명했다.

"제 장인어른은 파킨슨병으로 5년 정도 투병을 하다가 자택에서 돌아가셨습니다. 장례식장에 연락해서 시신을 옮기고, 장례식 준비를 해야 하는데 장례식장을 구할 수 없었습니다. 주변에 있는 장례식장 서너 곳을 알아봤는데 자리가 없다고 하니 난감하더라고요. 많은 사람들이 저처럼 당황스러운 경험을 했을 겁니다. 겨우 장례식장을 얻어서 장례식을 치렀지만, 만약 상조상품에 가입했다면 어땠을까요? 상조회사에 연락만 하면 되었겠죠. 그러면 모든 장례 절차를 알아서 진행해주기 때문에 큰 불편 없이 장례를 치를 수 있었을 겁니다."

이것이 바로 상조회사의 '지글지글'이다. 예를 들어 '편안한 장례식은 ○○상조' 혹은 '바가지요금 없는 ○○상조' 정도가 될 것이다.

물론 사람마다 지글지글이 다를 수 있다. 자동차를 사도 어떤 사람은 안정성이, 어떤 사람은 연비가, 어떤 사람은 디자인이 지글지글일 수 있다. 앞에서 언급한 내 친구의 경우는 자동차를 사면 결혼할 수 있다는 것이 지글지글이었다. 따라서 영업인은 고객을 세밀히 연구해야 한다. 고객의 결정 기준을 알아야 한 방에 먹히는 지글지글을 찾아낼 수 있다. 이제 당신이 취급하는 제품을 놓고 지글지글을 찾아보라.

2. 편지 말고 전보를 보내라!

혹시 전보를 쳐본 적이 있는가? 지금이야 통신수단이 엄청나게 발달했지만, 30~40년 전만 해도 전화조차 귀해 급한 소식을 빠르게 전달하는 데는 전보만한 것이 없었다. 전보는 글자 수에 따라 가격이 달라지므로 최대한 적은 수로 정확히 의사를 전달해야 했다.

휠러가 의도한 내용도 바로 이것이었다. 즉 고객이 즉각적이고 호의적인 관심을 보일 만한 단어를 짧게 만들어야 한다는 것이다. 휠러는 대화, 전화 통화, 프레젠테이션, 이메일 등 타인의 관심을 끌기 위한 메시지 수단에서 첫머리가 아주 중요하다는 것을 제대로 파악하고 있었다. 휠러의 저서에는 다음과 같은 구절이 나온다.

"당신이 처음 꺼내는 10개의 단어는 다음에 이어질 1만 개의 단어보다 중요하다. 딱 10초 안에 상대방을 사로잡아야 하기 때문이다. 메시지 첫머리에서 고객을 사로잡지 못하면 고객의 마음은 영영 떠나가 버린다. 비록 몸은 그 자리에 있다고 해도!"

이처럼 당신도 고객의 관심을 확 당길 수 있는 메시지를 찾아 짧게 설명해야 한다. 개척활동에서 만난 고객들은 친구나 지인들과는 다르기 때문에 그들의 시간을 내 마음대로 사용할 수 없다. 따라서 그들의 호기심을 자극할 만한 문구를 짧게 만들어서 활용해야 한다.

텔레비전을 보면 프로그램 사이사이에 광고를 한다. 광고는 채 20초를 넘지 않는다. 따라서 20초 안에 시청자의 관심을 끌어야 한다. 그렇지 않으면 바로 채널이 돌아간다. 영업도 마찬가지다. 초반에 관심을 끌지 못하면 고객은 당신의 상품을 기억조차 못한다.

상품을 설명하는 초기에 짧은 말로 고객의 관심을 끌거나 고객의 호기심을 자극하라는 것이 바로 '편지 말고 전보를 보내라'의 핵심이다. 앞에서 예로 들었던 "여름철 햇볕에 지친 피부를 촉촉하고 탄력 있게 바꿔주는 알로에 화장품 A입니다"와 같은 문구가 바로 전보라고 할 수 있다.

3. 꽃다발을 건네며 말하라!

휠러는 이 원리를 통해 자신의 주장을 효과적으로 증명하는 것이 중요하다고 말한다. 배우자에게 "결혼기념일 축하해요"라고 말하는 것도 물론 좋겠지만, 꽃다발을 건네며 그 말을 한다면 더욱 좋지 않겠는가? 이 말은 곧 고객이 얻는 이득을 신속하게 알리되, 지체하지 말고 그것을 입증하라는 것이다.

예를 들어 당신이 고객에게 혈액순환제를 설명한다고 가정해보자. 당신은 우선 "고객님의 혈액순환문제를 해결할 방법을 알려드리게 되어 정말 기쁩니다"라고 말을 해야 한다. 그러고 나서 혈액순환제의 효과와 필요성을 설명한 다음 효능을 입증할 만한 증거를 신속히 말해야 한다. 그러면 고객에게 만족스러운 반응을 이끌어낼 수 있다.

여기서 말하는 꽃다발은 제품의 효과, 효능, 장점을 증명할 수 있는 증거를 의미한다. 가령 상을 받은 사실, 제품의 우수성이 실험을 통해 증명한 사실, 유명인이 사용하고 있다는 사실 등이 바로 꽃다발에 해당된다고 할 수 있다.

또한 고객과 대화를 나누고, 상품을 설명하는 일이 정말 즐거운 것처럼 행동하거나 열정과 에너지를 담아 말하는 것도 꽃다발을 건네며 이야기하는 것이라고 할 수 있다. 제품에 확신이 있으면 말과 행동으로 나타나게 마련이다. 고객은 그런 당신을 신뢰할 수밖에 없을 것이다.

4. 가부가 아닌 선택을 물어보라!

만약 당신이 식당을 운영한다고 가정해보자. 손님이 "김치찌개 2인 분만 주세요"라고 했을 때, "네, 고맙습니다"라고 답하고 돌아서면 김 치찌개만 주문받은 것이다. 그러면 당신은 3등급 주인이다. 이때 만 약 "술 드릴까요?"라고 질문한다면 당신은 2등급 주인이다. 술까지 주문할 확률이 올라가기 때문이다.

그렇다면 1등급 주인이 되려면 어떻게 해야 할까? "술은 소주로 하 실래요? 맥주로 하실래요?"라고 질문해야 한다. 술 마시는 것을 기정 사실로 하고 어떤 술을 먹겠느냐고 묻는 것은 술을 주문할 확률을 크 게 높인다. "계란을 하나 넣어 드릴까요, 두 개 넣어 드릴까요?"도 같 은 원리다. 점원이 그렇게 묻는 것은 곧 고객에게 계란을 넣는 것을 기정사실로 여기고 묻는 것이다.

휠러는 레스토랑 직원들에게 "오늘 저녁에는 레드 와인으로 하시겠 습니까 아니면 화이트 와인으로 하시겠습니까?"라고 묻게 하여 와인 판매율을 크게 늘렸다고 한다. 결국 이 원리는 고객의 구매를 기정사 실화한 후 무엇을 선택할 것이냐고 유도질문을 하는 것이다. 이 원리 를 이용한 예를 몇 가지 더 들어보자.

<선택을 유도하는 질문>

- 제품을 방문해서 드릴까요, 택배로 보내드릴까요?

- 고객님은 갑, 을, 병, 정을 모두 섭취하셔야 건강문제를 해결할 수 있습니다. 네 가지 모두를 구매하시겠습니까 아니면 갑, 을, 병 세 가지만 구매하시겠습니까?

- 한 달치를 원하신다고요? 석 달치를 사시면 견본품을 추가로 받을 수 있는데, 그게 더 낫지 않겠습니까?

- 10년 납입으로 하시겠습니까 아니면 20년 납입으로 하시겠습니까?

- 카드로 결제하시겠습니까, 현금으로 결제하시겠습니까?

5. 헛기침에도 주의하라!

휠러 포인트의 마지막 원리는 말의 내용도 중요하지만, 말을 하는 방식도 중요하다는 것을 다음과 같이 강조하고 있다.

"아무리 커다란 꽃다발을 곁들여서 가부가 아닌 선택의 질문을 전보처럼 간결하고 명확하게 던진다고 해도 무덤덤한 목소리 하나 때문에 당신의 지글지글은 김이 팍 샐 수도 있다."

만약 당신이 상담을 하면서 작은 목소리에 단조로운 톤으로 웅얼대듯 말한다면 성공은 거의 불가능에 가깝다. 또한 손가락을 비비 꼬거나 머리를 만지작대는 등의 불안정한 몸짓은 고객에게 자신이 하는 말이나 일에 자신감이 부족하다는 인상을 주기 쉽다.

그러나 당신이 목소리와 몸짓에 낙관, 열정, 에너지를 싣는다면 어떨까? 상대방도 똑같이 느낀다. 한 연구 결과에 따르면 커뮤니케이션의 38%가 목소리 톤에, 55%가 보디랭귀지에 결정적인 영향을 받는다고 한다. 그러므로 헛기침 한번에도 신경을 써야 한다. 때로는 말보다 비언어적인 것이 더 많은 것을 전달하기 때문이다. 몸짓, 태도, 시선, 목소리 톤은 당신의 주장에 설득을 더해주는 첨가제다.

:: 힐러 포인트 연습

상조회사 사례

지글지글	편안한 장례식, 바가지요금 없는 장례식
전보	바가지요금 없이 편안하게 모실 수 있습니다!
꽃다발	○○기관에서 조사한 결과 소비자 만족도 1위
20초짜리 설명	
○○상조의 A상품은 고객만족도 1위 상품으로 바가지요금이 없어 고인을 편히 모실 수 있습니다. 그리고 A상품은 소비자원에서 고객들이 가장 만족하는 상품으로 뽑히기도 했습니다. 만기 시에는 내신 돈을 100% 환불해드리고, 재해로 돌아가시면 무료로 장례 절차를 진행해드립니다.	

건강기능식품 사례 : 혈액순환문제로 팔다리가 저리다는 고객

지글지글	팔다리 저린 것을 한 방에 해결
전보	피를 깨끗하고, 혈관을 튼튼하게 해 혈액순환이 잘 됩니다
꽃다발	○○님도 이것을 드시고 혈액순환문제가 모두 해결됐습니다
20초짜리 설명	
혈액순환이 얼마나 중요한지 아시죠? 이 제품은 피 속에 있는 콜레스테롤을 조절해주고, 혈관 속의 피가 뭉치는 것도 막아주고, 노화된 혈관도 튼튼하게 만들어 혈액순환이 잘 되게 도와줍니다. 실험 결과에서도 그 효과가 증명되었습니다. 그리고 ○○님 아시죠? 그분도 다리가 저려서 이 제품을 먹었는데, 지금은 좋아졌다고 자랑하시더라고요.	

제품명 :

지글지글	
전보	
꽃다발	

● 경쟁 제품 깎아내리기

당신이 취급하는 제품이나 서비스의 장점을 말하는 것 못잖게 경쟁 제품을 다루는 기술도 중요하다. 그것을 무조건 깎아내리는 것은 매우 경솔한 짓이다. 자신의 이미지에 손상을 입지 않으면서 경쟁 제품을 깎아내리는 방법이 필요하다. 여기서 말하는 두 가지 방법은《세일즈 전략과 협상》에 나온 것을 참고한 것이다.

첫째, 경쟁 제품의 약점을 간접적으로 들추어낸다.

만약 고객이 "당신 제품과 ○○제품을 비교할 때 어떻습니까?"라고 물었을 때는 다음과 같은 두 가지 답변이 있을 수 있다.

1. ○○제품은 가격도 비싸고 효과도 떨어지는데다 서비스도 좋지 않습니다.(X)

2. 저희 제품이 가격도 싸고 효과도 좋고 서비스도 낫습니다.(O)

1번은 경쟁 제품을 직접적으로 깎아내려 고객에게 안 좋은 이미지를 줄 수 있다. 이런 경우, 2번처럼 자사 제품의 강점을 강조해 간접적으로 경쟁 제품의 약점을 들추는 것이 좋다. 단, 이 방법은 경쟁 제품보다 뛰어난 점이 있을 때에만 사용할 수 있다.

둘째, 특정한 약점이 아닌 일반적인 약점을 들추어낸다.

경쟁 제품의 약점을 말하는 가장 효과적인 방법은 일반적인 약점을 들추는 것이다. 만약 고객이 경쟁사의 ○○화장품을 가장 좋은 것으로 여긴다고 가정해보자. 이때 "○○제품의 품질이 가장 좋은 것은 아닙니다"라고 직설적으로 말하는 것은 오히려 고객의 반발을 가져올 수 있다. 그렇면 다음과 같이 대화가 오갈 수밖에 없다.

고　객: 노화 예방에는 ○○화장품이 가장 좋지 않나요? 4주만 사용하면 얼굴이 탱탱해진다고 하던데요.

영업인: 고객님이 뭔가 오해하시는 것 같은데요. ○○화장품은 비싼 가격에 비해 효과가 없다는 평을 더 많이 듣습니다.

고　객: 그래도 사람들이 많이 찾는다는 것은 그만큼 믿을 수 있어서가 아닐까요?

영업인: 그것은 비싼 것이 좋을 것이라는 잘못된 인식 때문입니다.

고　객: 그래도 샘플을 많이 주니까 좋던데요.

영업인: 샘플 많이 주죠. 그렇다고 그게 공짜는 아닙니다. 가격에 포함되어 있는 거지요. 그러니 가격이 비쌀 수밖에요.

이렇게 대화를 한다면 당신은 고객에게 부정적이고 비판적이라는 이미지를 심어주기 쉽다. 고객 입장에서는 아주 편파적으로 들리기 때문이다. 이것은 경쟁자의 특정한 약점을 꼬집어서 말하는 것이지만, 세일즈에는 전혀 도움이 되지 않는다.

그러면 같은 문제를 가지고 어떻게 일반적인 약점을 지적할 수 있는지 살펴보자. 여기서 일반적인 약점이란 경쟁 제품에 대한 특정한 비판이 아니라 거기에 들어가는 원료나 제품의 일반적인 결점을 말한다. 다음 예문을 보면 쉽게 이해할 수 있을 것이다.

고　객: 노화 예방에는 ○○화장품이 가장 좋지 않나요? 4주만 사용하면 얼굴이 탱탱해진다고 하던데요.

영업인: ○○화장품은 A이나 B를 이용하여 제품을 만듭니다. 우리 제품에 들어간 C와 D보다 효능이 떨어질 수밖에 없습니다.

고　객: 그래도 고객들이 많이 찾는 것은 그만큼 효능을 믿을 수 있어서가 아닐까요?

영업인: 물론 그렇죠. ○○화장품도 믿을만 하죠. 하지만 실험 결과에 따르면, 저희 제품에 들어간 원료가 ○○화장품에 들어간 원료보다 낫다는 것이 입증되었습니다. 효과는 더 좋으면서 가격은 훨씬 저렴한 거죠.

고　객: 그래도 샘플을 많이 주니까 좋던데요.

영업인: 샘플은 조심해서 쓰셔야 합니다. 제조일자나 유통기간이 표시되어 있지 않아 피부 트러블을 일으킬 수도 있거든요. 저희 회사는 무료 샘플에 들어가는 비용을 절감해 본품 가격을

크게 낮추었습니다.

이 대화는 고객 입장에서 본다면 객관적으로 말하는 것처럼 들린다. 똑같은 비판이지만, 경쟁 상품 그 자체가 아니라 거기에 들어가는 원료를 대상으로 하고 있다. 이는 고객에게 편견에 치우치지 않고 객관적이라는 인상을 줄 수 있어서 효과가 크다.

👆 **오늘 당장 해야 할 일**

1. 당신 제품의 '지글지글' 을 찾아보자.

2. 지글지글을 이용하여 전보를 보내듯 짧은 문장을 만들어보자.

3. 효과를 뒷받침할 수 있는 증거로는 어떤 것이 있는지 찾아보자.

4. 20초짜리 상품 설명서를 만들어보자.

👆 **지속적으로 해야 할 일**

1. 지글지글은 고객마다 다를 수 있으니 성격 유형별로 연구해보자.

2. 모든 제품의 지글지글과 전보를 보내듯 짧은 문장을 만들어보자.

3. 좀 더 효과적인 설명법에는 어떤 것이 있는지 연구해보자.

07

지속적으로 고객관리하기

얼마 전 황당한 경험을 한 적이 있다. 강남역 근처에서 세일즈 기법에 대한 강의가 있다고 페이스북에 올라왔길래 신청을 한 후 수강료를 지불했다. 거기에는 강의시간이 오후 7시부터 9시까지로 되어 있었다. 막상 강의날이 되자 오후 8시부터 10시까지 강의를 한다고 문자가 왔다. 그래서 전화를 했다.

나 : 여보세요. 오늘 강의를 신청한 사람인데요. 강의가 7시부터 시작하지 않나요?

담당자: 아닙니다. 8시부터입니다.

나 : 분명 7시부터 한다고 연락이 왔는데요.

담당자: 스마트폰으로 확인하셨죠?

나 : 예.

담당자: 스마트폰 오류입니다. PC로 보면 8시로 되어 있는데 스마트폰으로 보면 7시로 뜹니다.

나 : 아, 그런 경우도 있나요? 그것을 미리 아셨을 텐데 8시에 시작한다고 알려주실 수 없었나요?

담당자: 못 오신다는 건가요? 계좌번호 알려주세요. 수강료는 환불해드리겠습니다.

나 : 네? 아니, 여보세요. 사과를 먼저 하셔야지 다짜고짜 수강료부터 환불을 해준다니요. 제가 못 간다고 말한 것도 아니고, 다만 8시로 바뀌었느냐고 확인차 전화를 한 건데…….

담당자: 내가 사과를 왜 합니까? 스마트폰이 잘못한 건데. 계좌번호나 알려주세요.

나 : 여보세요. 세일즈 기법 강의한다면서요. 고객관리를 이렇게 하시면서 어떻게 강의를 합니까?

담당자: 내가 강의하는 게 아니고 다른 사람이 강의하는 겁니다. 나는 관리만 하는 사람입니다.

스마트폰으로 보는 것과 PC로 보는 것에 차이가 있는지는 모르지만, 담당자가 이 모양이니 강의가 듣고 싶지 않았다. 만약 그 담당자가 먼저 사과를 했더라면 8시라고 해도 강의에 참석했을 것이다. 어차피 그날 저녁은 비워놨으니까. 그리고 만약 내용이 좋았다면, 세일즈 기법을 강의하는 사람으로서 다른 사람들에게도 한번 들어보라고 소개도 많이 했을 것이다.

다른 사례를 하나 더 들어보겠다.

내 차가 LPG 차량이다 보니 아침 일찍 충전을 할 때가 있다. 어느 추운 겨울날 아침 8시쯤이었다. 고속도로 휴게소의 한 충전소에 갔는데 아무도 없었다. 10초 정도 기다리니 젊은 사람이 털모자를 푹 눌러쓰고 엉금엉금 왔다. '왜 왔니? 귀찮게!' 라는 표정이었다. "가득 넣어주세요" 라고 했더니 아무 말도 않고 충전을 시작했다.

그러고는 다 들어갔는지 내게 다가와 얼굴을 쳐다봤다. 다 넣었으니 결제를 하라는 뜻이었다. 카드를 줬더니 결제를 하고 나서 전표와 카드를 돌려주었다. 그러고는 인사말 한마디 없이 바로 뒤돌아갔다. 그 청년은 충전하고 나오는 순간까지 결국 한마디도 안했다. 그래서 다시는 가지 않겠다고 마음을 먹었다.

그런데 몇 달이 지나자 궁금해졌다. '그 사람이 아직도 거기서 일하나?' 하는 궁금증에 한 번 들러봤다. 다행히 그만두고 없었다. 만약 그 청년이 계속 근무했다면 그 충전소는 망했을 것이다. 그 청년 때문에 그 충전소를 기피한 사람이 나 하나라면 다행이지만, 나한테만 그렇게 무례하게 굴지는 않았을 테니까.

사람은 좋은 평판보다는 나쁜 평판을 전달하려는 심리가 3배 정도 강하다고 한다. 듣는 사람도 좋은 평판보다는 나쁜 평판에 더 귀를 기울인다. 좋은 소문은 걸어가고, 나쁜 소문은 날아간다고 하지 않던가.

그런데 정작 불만고객의 96%는 불만을 표출하지 않는다. 즉 불만고객 가운데 4%만 불만을 제기하는 것이다. 그리고 40%는 참지만,

56%는 아무 말 없이 거래를 중단한다. 또한 한 번 불만을 가진 고객의 90%는 두 번 다시 방문하지 않는다. 서비스와 고객관리의 중요성이 바로 여기에 있다.

다음은 어느 한정식집에서 있었던 일이다.

날씨가 아주 좋은 가을날이었다. 모임을 위해 어느 한정식당에 10명을 예약했다. 모임 직전에 못 온다고 연락온 사람이 한 명 있어서 결국 9명만 모이게 되었다. 식당에 들어서며 10명을 예약했는데, 9명밖에 못 왔다고 이야기를 했어야 하는데 다들 깜박했다. 당연히 한정식집에서는 예약에 맞춰 10인분의 음식을 내보냈다.

10명이면 테이블당 보통 4명, 3명, 3명씩 나눠 앉는다. 그러면 4명이 앉은 테이블에는 4인분이 나오고, 3명이 앉은 곳에는 3인분이 나온다. 음식을 먹고 있는데 왜 9명만 왔냐며 4인분이 나온 테이블에서 1인분을 걷어갔다. 물론 우리가 잘못한 것이었다. 미리 9명만 왔다고 말하지 못했으니까.

그래도 젓가락과 접시를 가져와서 1인분을 걷어가니 기분도 나쁘고 어이가 없었다. "이번에는 4인분이 나갔으니 넉넉하게 드세요" 라고 했다면 얼마나 좋았을까. 그 이후로 우리는 그 집을 다시는 가지 않았다.

고객들은 자신의 잘못이나 실수는 기억하지 못한다. 하지만 섭섭하거나 기분 나쁜 것은 두고두고 기억한다. 그리고 자기가 잘못한 것은 쏙 빼고 지인들에게 말한다. 이런 경험을 한 사람들이 꽤 많았는지 얼마 가지 않아서 그 식당은 망했다. 음식 맛은 괜찮았지만 서비스가 형편없었으니 짧은 장사였던 것이다.

이것만 보더라도 고객관리는 결코 쉽지 않다는 것을 알 수 있다. 고객은 자신의 잘못이 명백하더라도 손해를 보면 기분이 나쁘다. 고객관리에서 가장 중요한 것은 배려다. 배려란 다른 사람 처지에서 그 사람을 이해하고 위하는 것이다. 즉 고객 입장에서 생각하고 바라보아야 제대로 된 고객관리를 할 수 있다.

다음은 배려를 이야기할 때 단골 메뉴로 등장하는 사돌이사자와 우순이소의 사랑 이야기다.

사돌이와 우순이가 사랑을 했다. 주위에서 반대를 했지만 사랑한 둘은 결국 결혼을 했다. 첫날밤을 치르고 난 우순이는 사돌이한테 맛있는 아침상을 차려주고 싶었다. 그래서 들판에 나가 맛있는 나물과 채소를 구해다가 아침상을 차렸다. 아침을 먹으려고 식탁에 앉았던 사돌이는 먹을 게 하나도 없자 성질을 내고 나가버렸다. 화가 좀 가라앉자 사돌이는 후회를 했다. 그래서 저녁상은 자기가 차리기로 마음먹었다. 사돌이는 맛있는 고기들로 한 상 떡 벌어지게 차렸다. 그랬더니 이번에는 우순이가 먹을 게 하나도 없다며 화를 냈다.

자기 자신은 한다고 했어도 상대방이 만족하지 않으면 뭔가 잘못된 것이다. 원하는 것이 뭔지 알고 맞춰주어야 고객은 만족한다. 그것이 바로 고객에 대한 배려다. 구리 료헤이의《우동 한 그릇》에 나오는 다음의 이야기도 배려라는 것이 무엇인지 잘 일러준다.

섣달 그믐날이었다. 우리나라 사람들이 동짓날에 팥죽을 먹듯이 일본 사람들은 섣달 그믐날에 우동을 먹는 관습이 있다. 일본의 우동집인 '북해정'이 마지막 손님을 보내고 문을 막 닫으려 할 때였다. 문이 열리더니 허름한 옷을 입은 부인이 아이 둘을 데리고 들어왔다. 부인은 조심스럽게 우동 1인분을 주문했다. 주인은 그들을 보고 아내 몰래 우동 반인분을 더 넣었다.

1년 뒤 똑같은 날 같은 시각에 그들이 또 왔다. 그들은 우동을 또 1인분만 시켰다. 여주인이 "여보, 서비스로 3인분을 내줍시다"라고 조용히 말했다. 그러자 주인은 저들의 마음을 상하게 할지 모른다며 여느 때와 같이 우동 반인분을 더 넣었다. 그리고 그들은 우동을 조용히 맛있게 먹고 갔다.

물론 그들이 불쌍해 3인분을 줄 수도 있을 것이다. 그러나 그것은 주인의 입장이다. 만약 3인분이 줬다면 부인과 아이들은 다음부터 오지 않았을 것이다. 주인이 베풀어준 호의가 오히려 그들의 자존심을 해치기 때문이다. 자기 자신은 위한다고 해줬지만, 받아들이는 상대방의 기분을 해친다면 배려가 아니다.

CS 전문가이자 경영 컨설턴트로 활약하고 있는 장정빈 씨의《리마커블 서비스》에 나오는 2가지 사례 또한 배려가 무엇인지 잘 보여준다. 우선 영국 빅토리아 여왕의 사례부터 보자.

영국 빅토리아 여왕이 런던에서 많은 사람을 초대해 파티를 열었다. 초대받은 사람 가운데는 영국의 식탁 매너를 모르는 아프리카 추장이 있었다. 식사 마지막에 레몬 한 조각이 들어 있는 물이 담긴 핑거볼(식후에 입과 손을 씻는 물이 담긴 작은 그릇)이 나오자 잠시 고민하던 추장은 그 그릇에 있던 물을 두 손으로 들고 마셔버렸다.

잠시 침묵이 흐른 뒤 여기저기서 웃는 소리가 들리기 시작했다. 이때 이것을 조용히 지켜보던 빅토리아 여왕이 핑거볼에 있던 물을 마셨다. 그러자 잠시 후 그 자리에 있던 모든 사람들이 핑거볼에 있던 물을 마셨다.

다음은 한 상견례 자리에서 있었던 사례다.

어느 젊은 남녀가 양가 부모님을 모시고 서울의 한 호텔 레스토랑에서 상견례를 하기로 했다. 그런데 신부쪽 부모님은 평생을 시골에서 지낸 어른들이라 호텔 레스토랑이 처음이었다. 혹시 부모님이 실수를 하실까봐 걱정이 이만저만 아니었던 딸은 상견례를 하기 전에 부모님께 포크와 나이프 사용법을 자세히 설명해주었다.

드디어 운명의 그날, 호텔 레스토랑에서 식사를 하게 되었다. 딸은 부모님이 나이프와 포크를 제대로 쓰는지에만 신경을 곤두세우고 있었다. 그런데 문제는 정작 다른 곳에서 터지고 말았다. 신부 아버지가 냅킨을 머리에 쓴 것이다. 냅킨을 예의를 차리라고 놓아둔 모자로 착각한 것이다. 신랑 가족은 물론 딸까지도 이 돌발사태에 어찌할 바를 몰랐다. 상견례 자리가 웃음판으로 바뀌거나 혼사가 깨질 수도 있는 상황이었다.

그러자 잠시 망설이던 신랑 아버지는 신부 아버지가 한 것처럼 냅킨을 머리에 쓰고 아무 일도 없었던 듯이 식사를 계속했다. 이것을 보자 당황했던 사람들도 이내 신랑 아버지의 깊은 속뜻을 알아채고는 즐겁게 식사를 했다. 그리고 위의 사례처럼 고객관리는 고객의 입장에서 생각할 때 제대로 이루어진다. 이제 배려를 염두에 두고 구체적인 고객관리 방법에 대해 살펴보자.

첫째, 정기적으로 연락을 주고받아야 한다.

연예인과 마주칠 때가 있다. 처음 보는 연예인인데도 친근하게 느껴진다. 왜 그럴까? 텔레비전에서 많이 봐왔기 때문이다.

이와 마찬가지로 고객과 자주 만나 대화를 나누면 친밀감을 높일 수 있다. 통신수단이 아무리 발달했다고 해도 전화 대신 얼굴을 보면서 이야기하고, 이메일 대신 직접 방문하는 것이 더 좋은 결과를 이끌어낸다. 고객을 자주 만나야 하는 이유가 바로 여기에 있다.

그런데 최근에는 통신수단이 아주 발달해 그것만 잘 활용해도 좋은 성과를 얻을 수 있다. 그전에는 편지나 DM 혹은 전화나 문자메시지로 고객에게 연락을 했지만, 스마트폰을 사용하면서부터는 고객관리의 방법도 바뀌고 있다.

가령 카카오톡카톡, 카카오스토리카스, 페이스북페북을 활용하면 고객과 수시로 연락을 할 수 있다. 카톡은 문자메시지 단계를 넘어 사진이나 동영상도 전송할 수 있다. 카스는 고객의 일상사를 보며 댓글을 남길 수도 있고, 자신의 일상사를 고객이 볼 수도 있다. 카스 친구인 카친이 되면 하루에도 몇 번씩 고객과 댓글로 만날 수 있으니 굳이 얼굴을 보지 않더라도 친밀감을 유지할 수 있다. 페북도 마찬가지다.

그런데 이것들을 지나치게 상업적으로 이용하는 사람이 있다. 하지만 그것은 바람직하지 않다. 자신의 스토리를 온통 상품 사진으로 도배하면 오히려 고객에게 반감을 살 수 있다.

그리고 고객과 연락을 하려면 우선 목표와 계획을 세워야 한다. 흔히들 매출목표와 매출계획은 있어도 고객관리는 계획이 없는 경우가 대다수다. 당신이 고객관리를 제대로 하고 싶다면 계획을 세워 영업해야 한다. 계획을 세워 실천할 수 있는 대표적인 방법이 바로 주간계획표이다.

필자는 강의 때면 늘 주간계획표를 작성한 후 활동하라고 강조한다. 거기에는 1주일 동안의 고객관리 목표를 반드시 적어 놓아야 한다. 예를 들어 '기존 고객 주 7명 만나기', '하루 3명과 전화 통화하기', '모든 고객에게 주 1회씩 카톡이나 문자메시지 보내기'와 같이 실천목표를 구체적으로 세워놓고 실행해야 한다. 이때 누구를 언제 만날지, 누구와 언제 통화할지 미리 계획을 세워 주간계획표 약속과 실천사항란에 적어놓으면 잊어버리는 일도 없고, 몰아서 연락할 필요도 없어 아주 유용하다.

매출에 쫓겨 신규 고객을 만나다 보면 기존 고객을 소홀히 하기 쉽다. 하지만 계획을 세워 시간을 잘 나누어 쓰면 충분히 효과적으로 고객을 관리할 수 있다. 주간계획표 작성요령은 필자가 쓴《세일즈 멘토링》에 잘 정리해 놓았기 때문에 여기서는 생략하겠다.

또한 고객관리 카드에 정성을 기울여야 한다. 고객관리 카드가 왜 필요하다고 생각하는가? 이 질문을 하면 많은 영업인들이 고객관리를 잘 하기 위해서라고 말한다. 그러나 고객관리 카드가 필요한 이유는 고객이 많기 때문이다. 고객이 한두 명이라면 그냥 외워버리면 된다. 고객관리 카드는 모든 고객을 다 기억할 수 없어 기록을 하고, 관리를 하기 위한 것이다.

고객을 처음 만났을 때는 이름, 주소, 연락처 등 간단한 것만 기록할 수밖에 없다. 그러나 그 후에는 만날 때마다 좀 더 자세히 적어나가되, 만났던 바로 그날에 적어놔야 잊어버리지 않는다. 특히 꼭 적어야 할 것은 고객의 성격과 특성이다. '약속 어기는 것을 싫어함', '성격이 까다로움', '가격을 깎으려고 함', '선물을 좋아함' 등과 같이 적어놓으면 고객을 만나기 전에 대비를 할 수 있다. 정보가 정확해야 경조사를 챙기고, 구매 주기를 알 수 있음은 물론이다.

고객카드가 너덜너덜해질 때까지 고객을 연구해야 고객이 정말 무엇을 원하는지, 무엇을 하고 싶어 하는지, 무엇이 필요한지 알 수 있다. 고객도 모르면서 고객관리를 한다는 것은 말이 안 된다.

둘째, 제품을 제대로 사용하도록 도와줘야 한다.

고객이 제품을 제대로 사용하도록 돕는 것은 당연한 일이다. 하지만 잘 지켜지지가 않는 것 중의 하나다. 영업인들이 착각하는 것 중 하나가 제품을 주고 돈을 받으면 판매가 끝난 줄 안다는 것이다. 가령 건강기능식품에서는 잘 챙겨먹는지, 호전반응은 있는지, 효과는 어떤지 등을 확인한 후 고객이 구매한 제품에 만족한다고 말할 때 비로소 판매는 끝이 난다.

그렇게 본다면 영업은 판매종료 시점이 없을 뿐만 아니라 판매종료

란 말 자체가 있을 수 없다. 판매는 항상 현재진행형이다. 보험상품은 제품을 제대로 사용할 수 있도록 돕는다는 의미보다 고객에게 자신이 가입한 상품이 무엇인지 제대로 알 수 있도록 도와주는 의미가 크다. 이것은 잠재고객을 소개받기 위해서 반드시 필요한 작업이다.

고객은 보험에 가입할 때 상품 설명을 들었다고 하더라도 어떤 상품에 가입했는지 곧잘 잊어버린다. 그래서 어떤 상품에 가입했는지, 어떤 혜택을 받을 수 있는지 고객에게 주기적으로 알려줄 필요가 있다. 그렇게 하면 고객은 자신이 가입한 상품의 우수성을 다시 깨닫게 될 것이고, 다른 가망고객을 소개해주고픈 욕구가 생긴다.

김성오 사장이 마산에서 버스도 안 다니는 변두리에 약국을 개업한 후 고군분투한 이야기는 그가 쓴《육일약국 갑시다》에 잘 나와 있다. 다음의 5가지 질문은 그가 고객을 보며 늘 했던 질문들이다.

1. 지금 저 사람에게 필요한 것은 무엇인가?

2. 내가 무엇을 줄 수 있을까?

3. 오늘 저 고객이 나한테 만족했을까?

4. 저 고객이 다음에 다시 올까?

5. 저 고객이 다음에 올 때 다른 사람까지 데리고 올까?

김 사장은 고객이 무엇을 필요로 하는지, 고객에게 무엇을 줄 수 있는지를 늘 고민했다. 그는 고객을 만족시켜야(3), 재구매가 일어나고(4), 소개판매(5)가 일어난다는 사실을 약국을 처음 시작할 때 이미 알고 있었다. 이런 고객관리가 있었기에 김 사장은 마산에서 가장 큰 약국을 일굴 수 있었다.

셋째, 불만고객의 감정에 공감하라.

타라 헌트가 쓴 《우피경제학》을 보면, 고객의 부정적인 반응에 대응하는 방법이 나와 있다. 그중에서 최악의 방법은 그들의 감정을 무시하는 것이다. 만약 답해야 할 핵심문제가 있더라도 먼저 그들의 감정부터 처리해야 한다. 우선은 간단하게 그들의 감정에 응답하고, 알아주는 것이 좋다. 가령 "정말 실망하셨겠네요"와 같은 말로 그들의 감정에 공감의 뜻을 전달하는 것이다.

이것은 대화를 계속 이어가는 데 매우 중요한 역할을 한다. 감정적 유대감을 느끼면 고객은 문제가 해결되지 않더라도 당신의 대답에 귀를 기울일 가능성이 높다. 그리고 개인적으로는 응어리가 남아 있더라도 당신을 분별 있고 친절한 사람이라고 생각할 것이다. 그로 인해 고객은 당신이 공정하다는 평가를 내리게 된다.

이 책에 나온 버진 아메리카 항공의 사례를 한 번 보자. 고객의 부정적인 반응에 대처하는 방법을 제대로 보여준다.

어느 날 승객들은 목적지 공항의 악천후로 비행시간이 지연되어 3시간 후에나 출발할 수 있다는 말을 듣게 되었다. 그때 정장을 입은 한 남자 승객이 카운터로 가서 불만을 토로했다. 그는 비행기가 늦게 출발하면 다른 공항에서 환승을 못해 중요한 회의에 참석할 수 없다며 화를 냈다. 그 승객이 화가 난 것은 단지 이번 비행 때문만은 아니었다.

그는 버진 아메리카 항공의 비행시간 지연이 이번만이 아니라 자주 일어나는 일이라며 큰 소리로 고함을 질러댔다. 자연스레 다른 사람들도 그의 말을 듣게 되었다. 그러자 카운터에 있던 한 여직원이 남자 승객의 말을 주의 깊게 듣고 나서 이렇게 말했다.

"고객님이 실망스러워 하는 것은 잘 알겠습니다. 이번 비행시간 지연에 대해 제가 도와드릴 방법은 없지만, 다른 비행편과 환승 비행기를 알아보고 제시간에 목적지에 도착할 수 있도록 도와드리겠습니다."

이 대응이 남자 승객의 흥분을 가라앉힌 것은 물론이었다. 그리고 주위의 다른 승객들은 버진 아메리카 항공의 친절함을 칭찬하기 시작했다. 또한 이들은 다른 항공사에서 겪은 형편없는 서비스를 이야기했다. 그 여직원의 적극적이고, 공감적인 대응은 그 장면을 목격한 다른 승객들의 우피(좋은 평판)를 쌓는 데 큰 도움이 되었다.

위의 사례처럼 고객이 불평불만을 얘기할 때는 공감하며 화가 진정될 때까지 차분히 들어줘야 한다. 당신은 여러 번 겪은 일이라 고객이 첫마디만 떼도 무엇을 말하려는지 알 것이다. 그렇다고 고객의 말을 중간에서 자르는 것은 절대 금물이다. 고객은 처음 겪는 일이기 때문에 끝까지 듣고 진심으로 공감해야 한다. "고객님 걱정 많이 하셨죠? 저 같아도 그랬을 겁니다. 이해합니다"라고 말한 후 "혹시 다른 문제나 궁금한 점은 없나요?"라고 질문해야 한다.

메이요 클리닉은 100년이 넘은 미국의 비영리의료법인으로 환자를 최우선으로 생각하는 곳이다. 이 병원이 크게 성공하고 유명해진 이유는 고객의 말을 경청하는 태도에 있었다. 레너드 L. 베리와 켄트 D. 셀트먼의 《메이요 클리닉 이야기》를 보면 이 병원의 직원들이 환자의 말에 얼마나 귀를 기울이는지 알 수 있다.

메이요 클리닉에 오기 전에 이름 있는 의료기관 네 곳을 들렸지만, 그녀의 얘기에 귀를 기울이는 곳은 아무데도 없었다. 하지만 메이요 클리닉에서는 간호사가 장장 45분에 걸쳐 환자의 이야기를 경청해주었다. 그리고 그 환자를 만난 내과의사도 충분한 시간을 할애해 이야기를 들어주었다.
간호사와 의사는 그 이야기를 참고로 근본적인 문제가 무엇인지 다양한 가능성을 추론해냈다. 이 내용을 염두에 둔 의사는 문제의 근원을 파악하기 위해 검사를 지시했고, 결국 수술을 하기로 결론을 내렸다. 이 환자의 입장에서 볼 때 메이요 클릭의 환자중심 접근방법은 다른 곳에서는 찾아보기 힘든 서비스였다,
이 병원에는 의사를 위한 커뮤니케이션 교육과정이 있다. 이 과정에서는 의사와 환자 간에 인간관계를 개선하기 위해 커뮤니케이션을 강조한다. 이 과정을 통해 의사들에게는 환자가 처음 꺼내는 말에 끼어들지 말고 끝까지 다 들으라고 가르친다. 그리고 말이 끝나면 "혹시 더 하실 말씀은 없으신가요?" 라고 물어 환자가 중요한 정보나 관련 사항을 감추고 있지는 않은지 확인하라고 가르친다.

앞에서 예로 들었던 어느 세일즈 기법 강좌를 생각해보자. 만약 담당자가 사과를 한 후 "저희가 어떻게 해드릴까요?"라고 질문했다면

필자는 섭섭해하지도 않고 수강료를 환불받지도 않았을 것이다. 하지만 담당자는 이야기를 끝까지 듣지도 않고, 자신들의 실수가 명백한데도 사과를 하지 않았다. 그것이 오히려 기분을 상하게 하고 불쾌하게 했던 것이다.

그런데 필자와는 달리 불만이 있어도 '다음부터 이용을 안 하면 되지 뭐'라며 말하지 않는 고객도 의외로 많다. 따라서 고객이 말하기 전에 미리 불만이나 불편사항을 질문하는 것은 고객관리를 위해 대단히 중요하다. 불만이나 불편사항을 말하지 않는다고 해서 고객이 만족하고 있다고 넘겨짚는 것은 큰 오산이다.

그렇다면 고객관리를 위해 어떤 질문을 해야 할까? 아래의 질문들을 응용해서 활용하면 좋다.

- 거래를 하면서 불편했던 것 하나만 지적해주시겠습니까?
- 제가 어떻게 하면 도움이 되겠습니까?
- 고객님께서 원하는 것을 저희가 충족시켜드렸습니까? 그렇지 않다면 말씀해주십시오.
- 지난번 구입하신 제품은 잘 사용하고 계시죠? 사용방법을 다시 한 번 설명해드릴까요?
- 저희 건강기능식품을 드시면서 A 반응이나 B 반응이 나타나지 않았나요?
- 건강은 어떠신지요? 저희 제품을 드시기 전에는 ○○했는데, 지금은 괜찮아지셨는지요?

• 화장품 사용 순서가 헷갈리지 않으신지요?

• 화장품을 바꾸시고 트러블은 없으신지요?

• 계약내용이 잘 기억나지 않으시죠? 다시 설명해드릴까요?

• 혹시 가입하신 보험에 대해 궁금한 것이 있으신가요?

🌰 **오늘 당장 해야 할 일**

1. 오랫동안 연락을 못한 고객에게 바로 연락한다.

2. 카카오스토리나 페이스북 등 SNS에 가입한다.

3. 고객을 위해 할 수 있는 일을 생각해본다.

🌰 **지속적으로 해야 할 일**

1. 카카오스토리나 페이스북 등 SNS를 부지런히 관리한다.

2. 고객과 정기적으로 연락한다.

3. 고객이 불만을 털어놓기 전에 먼저 질문한다.

3장

조직 관리의 해법, 리크루트&모티베이션

01

증원의 법칙

　1장의 '개미형 영업인'과 '거미형 영업인'을 떠올려보자. 당신은 개미형 영업인이 되고 싶은가, 거미형 영업인이 되고 싶은가? 거미형 영업인이 되고 싶을 것이다. 그렇다면 거미형 영업인이 되기 위해서는 증원이 더 중요할까, 매출이 더 중요할까? 증원이 중요하다고 말할 것이다.

　그렇다면 당신은 지난 1주일 동안 증원에 투자한 시간이 많은가, 매출에 투자한 시간이 많은가? 그리고 '누구를 증원하지?'라는 질문을 많이 하는가, '누구에게 판매하지?'라는 질문을 많이 하는가? 대부분은 매출을 올리는 데 더 많은 시간과 노력을 쏟는다. 증원이 중요하다고 생각하면서도 실상은 매출활동에 더 많은 시간을 쓴다. 증원이 중요하다고 생각한다면 증원에 관심을 기울여야 하는데 말이다. 그래서 여기서는 증원활동에서 꼭 알아야 할 '증원의 5가지 법칙'에 대해 알아볼 것이다.

1. 필요성의 법칙

먼저 증원을 하려면 필요하다고 느끼고, 간절해야 한다. 그리고 이유가 있어야 한다. 많은 영업인들이 증원을 하지 못하는 것은 기본적으로 절박하지 않기 때문이다. 필자의 경우를 하나 소개한다.

나는 2001년 9월에 건강기능식품 방문판매업을 시작했다. 건강기능식품에 대한 경험도 없었고, 함께 일할 사람도 없었다. 그러니 같이 일하는 한 사람 한 사람이 얼마나 소중하고 귀했겠는가. 대리점을 시작한지 1년쯤 지나자 주부사원이 10명까지 늘어났다. 그래도 한 분 한 분이 여전히 소중했다.

그러고 나서 2002년 11월 말쯤이었다. 김장철이라 절인 배추 한 포기가 1,200원가량 했다. 장소영(가명) 씨라고 40대 후반인 주부사원이 있었다. 입사한 지 얼마 안 된 신입이었다. 조회가 끝나자 김장을 하려고 절인 배추를 30포기 샀는데 10포기가 남았다며 1,300원에 사라고 했다.

그러자 옆에 있던 분이 "마트에서는 1,200원이던데 왜 100원씩 남겨 먹으려고 해!" 라고 핀잔을 주었다. 장소영 씨는 얼굴이 빨개지더니 자기는 그런 마음이 아니었는데 억울하다면서 울음을 터뜨렸다. 그러고는 다음 날부터 출근을 하지 않았다.

그래서 3일 후 집을 찾아갔다. 출근 여부를 떠나 이렇게 그만두면 대리점에 대해 안 좋은 이야기를 할까봐 걱정이 됐다. 그만두더라도 좋은 감정으로 그만두었으면 좋겠다는 생각이 들었다. 오전 10시에 조회를 하는데 9시 30분쯤 찾아가 초인종을 눌렀다. 대답이 없었다.

그다음 날은 9시에 갔다. 역시 벌써 나가고 없는 모양이었다. 장소영 씨는 결혼을 늦게 한 탓에 초등학생 아들이 있었다. 그 아이가 학교 가기 전에는 집에 있을 것이라고 생각해 다음 날에는 7시 30분에 찾아갔다. 초인종을 눌렀는데 문을 열어주지 않았다. 안에 있는 것은 분명했다. 무작정 기다렸다.

8시가 조금 넘으니 아이가 문을 열고 나와 학교에 갔다. 나는 계속 기다렸다. 그 수밖에 없었다. 시간이 흘러 1시 정도 되니 학교 갔던 아이가 돌아왔다. 아이와 눈이 한 번 마주쳤다. 그러자 아이가 집에 들어가더니 "엄마, 밖에 있는 아저씨 불쌍해. 문 열어주세요" 라는 소리가 들렸다. 결국 오후 2시 30분이 되어서야 장소영 씨는 문을 열어주었다. 그리고 다음 날부터 다시 출근을 시작했다.

필자가 무엇 때문에 그 집 앞에서 7시간이나 기다렸을까? 증원이 간절하고, 절실했기 때문이다. 절박하면 자존심도 필요 없다. 당신이 영업을 하지 않는다면 증원을 할 필요가 없다. 증원을 하는 이유는 영업을 하기 때문이다. 영업으로 성공하고, 보람을 느끼고, 덤으로 소득도 높아지는 유일한 방법은 증원이다.

매출을 많이 올리면 물론 어느 정도의 소득을 얻고, 보람도 느낄 수 있다. 그래봤자 개미일 뿐이다. 혼자서 죽어라 일하고 매출을 올려봤자 소득을 올리는 데는 한계가 있다. 개미에서 거미로 변해야 한다. 그 유일한 방법이 바로 증원이다.

지금 당신이 속한 조직에서 소득이 가장 높은 사람은 누구인가? 그

다음으로 높은 사람은 누구인가? 대체로 탄탄한 조직을 갖고 있는 사람일 것이다. 왜 그럴까? 영업에 필요한 증원을 많이 했기 때문이다.

당신도 증원이 필요해서 하지만, 새로 나오는 피증원자도 뭔가가 필요해서 나온다. 돈을 버는 것 외에도 이유는 다양하다. 가령 건강기능식품회사에서는 연세가 많으신 분들이 건강을 위해 나오시기도 한다. 최근에는 30, 40대도 그런 경우가 있는데, 건강에 대한 욕구 때문인지 열심히 잘 나온다. 물론 간혹 심심해서 놀러 나오는 분들도 있는데, 그러다가 어느 순간 일하고 싶은 마음이 들어 열심히 하기도 한다.

그런데 여기서 중요한 사실은 증원 후보자는 당신을 보고 따라온다는 것이다. 돈을 벌고 싶은 사람은 당신이 돈을 버는 모습을 보고 따라온다. 멋진 인생을 살고 싶은 사람은 당신의 멋진 모습을 보고 따라온다. 그러기 위해서는 당신의 필요와 증원 대상자의 필요가 맞아떨어져야 한다.

그런데 여기서 문제가 되는 것은 자신감이다. 경제적인 이유로 직장을 가지고 싶은 증원 후보자에게는 자신 있게 "내가 돈을 벌도록 도와줄게. 나를 따라와!"라는 한마디가 필요하다. 건강을 목적으로 하는 사람이라면 "우리 제품으로 건강하게 만들어줄게. 나를 따라와!"라는 한마디가 필요하다. 이것은 물론 자신감과 신뢰감을 전제로 한다.

- 필요성의 법칙을 실천하기 위한 질문 -

1. 나는 증원이 간절히 필요한가?

2. 나는 진정 거미형 영업인이 되고 싶은가?

3. 나의 증원 후보자는 무엇이 필요한가?

4. 나는 증원 후보자의 필요를 어떻게 충족시킬 수 있는가?

2. 깔때기의 법칙

"고객관리 수첩이 있으신가요?"라고 물으면 대부분이 갖고 있다고 말한다. 그런데 증원 후보자 관리수첩이 있느냐고 물으면 거의 없다고 답한다. "고객관리 수첩은 왜 필요할까요?"라고 물으면 "고객관리를 위해 필요하지요"라고 말한다. 그런데 고객이 2~3명밖에 없다면 고객관리 수첩이 필요할까? 당연히 필요 없다. 이미 내 머릿속에 그들의 정보가 다 들어 있기 때문이다.

증원 후보자 관리수첩이 없는 이유는 기본적으로 증원 후보자가 별로 없기 때문이다. 대개가 행사용 한두 명밖에 없다. 증원행사를 할 때 체면치레로 데리고 오는 사람을 여기서는 행사용이라고 한다. 행사용 한두 명만 붙잡고 늘어지니 증원을 못하는 것은 당연하다.

따라서 증원을 하려면 증원 후보자의 수를 늘려야 한다. 매출을 높이기 위해 고객을 많이 확보해야 하는 것과 같은 이치다. 고객이 많아야 매출을 많이 올릴 수 있듯이 증원 후보자가 많아야 증원이 가능하다. 이것이 바로 '깔때기의 법칙'이다. 깔때가 가득 차야 뭔가가 밑으로 내려오듯이 증원 후보자가 많아야 증원을 할 수 있다.

그렇다면 증원 후보자를 어떻게 늘려야 할까? 먼저 문방구로 가서 수첩을 한 권 사라. 그리고 수첩의 맨 첫 장에 증원 후보자의 이름을 기록하라. 평소 아는 사람들을 적은 다음 주변의 자영업자들을 적어보라. 그러면 미용실 원장, 옷가게나 세탁소, 슈퍼, 식당 사장 등이 증원 대상자가 된다.

특히 자영업자들을 증원 대상자로 설정했다면 관찰이 필요하다. 안타깝게도 우리나라 자영업자들은 소득이 그리 많지 않다. 그리고 금방 망하는 경우도 많다. 우선 그들에게 "사장님 사업 잘 되십니까?"라고 질문해보라. 만약 "힘듭니다, 경기가 정말 안 좋네요"라며 "몇 달 후면 임대기간이 끝나는데 그때 정리하려고 해요"라고 말한다면, 그 사람은 증원 1순위다.

그런 사람들은 지속적으로 관찰하면서 증원을 시도해야 한다. 사업체를 다 정리한 다음에 증원하려고 하면 이미 늦다. 다음 계획도 없이 무작정 사업이나 장사를 그만두는 사람은 없다.

그다음 증원 후보자는 직장생활을 하는 사람이다. 퇴직할 때까지 한 직장을 다니는 사람은 거의 없다. 언젠가는 그만두게 되어 있다. 특히 비정규직 직장인은 눈여겨봐두어야 한다. 직장에 다니는 사람에게는 다음과 같은 질문이 필요하다.

- 지금 직장생활에 만족하고 있습니까?
- 현재 소득에 만족하고 있습니까?
- 자신의 꿈을 실현할 만한 직장입니까?

위의 질문에 부정적인 대답을 했다면 증원 후보자 1순위로 관리해야 한다. 그리고 "지금 직장을 언제까지 다닐 생각입니까?"라는 질문을 추가해야 한다. 직장을 그만둔 다음에 증원을 시도하는 것은 늦다. 직장을 그만둘 때는 대개가 갈 곳을 정해놓고 그만둔다.

신윤순 씨가 쓴 《손오공 매니저》에는 증원 후보자군을 아래 표와 같이 정리해놓았다. 여기에 해당하는 사람을 찾아보라.

- 중요한 일을 항상 먼저 의논하는 사람
- 이번 주에 가장 많이 통화한 사람
- 자주 연락하는 친구나 동창 ○○의 일을 가장 먼저 알린 친구
- 건강이나 화장품 관련 자영업자
- 서서 일하는 50대 여성
- 피부관리실 전문 인력
- 간병인, 파출부, 용역업 종사자
- 보험, 건강식품 영업
- 우유나 야쿠르트 배달
- 학습지, 공부방 교사
- 50대 이상 주부
- 육아를 어느 정도 끝낸 30대 여성
- 다이어트에 관심 있는 여성
- 건강이 안 좋은 여성

자, 이제 생각난 사람의 이름을 적고 그 명단을 살펴보라. 증원 후보지가 많아졌을 것이다. 이제 한 명 한 명 차례대로 정리해보라. 증

원 후보자 관리수첩을 펼치면 속지는 대개 아래와 같을 것이다.

증원 후보자 정보		관리 기록
강미주 (2000년 0월 0일) / 　　 등급		2000/2/3 눈이 와서 문자 보냄
주소		2/14 같이 점심(칼국수) 먹음
연락처		2/25 문자 안부(환절기 감기 조심)
생일		3/2 큰딸 입학 축하(도서 상품권)
학력		
현재 하는 일		
현재 수입		
직업 만족도		
사회 경험		
가입 단체		
좋아하는 음식		
취미		
특기		
가족관계		

　위와 같이 속지 한쪽 면에는 증원 후보자의 정보를 자세히 기록하고, 다른 면에는 관리한 내용을 꼼꼼히 기록한다. 특히 목표가 없으면 게을러질 수 있기 때문에 증원 예정일을 정하는 것이 중요하다. 그리고 증원 예정일을 기준으로 증원 후보자의 등급을 매겨보라. 그 기준은 아래와 같다.

- **별(☆)등급** : 1~2개월 이내에 증원이 가능한 사람

- **1등급** : 3~4개월 이내 증원 가능자
- **2등급** : 6개월 이내 증원 가능자
- **3등급** : 1~2년 내에 증원 가능자
- **4등급** : 언젠가는 증원할 사람

증원 후보자 관리수첩은 항상 들고 다녀야 하므로 너무 크거나 두꺼운 것보다는 가방에 넣고 다닐 만한 것으로 골라야 한다. 그리고 관리한 내용은 자세히 기록해야 다음에 만났을 때 활용이 가능하다. 또한 증원을 하려면 수첩을 수시로 들춰봐야 한다. 수첩이 너덜너덜해질수록 한 명, 두 명 증원이 될 것이다.

그리고 증원을 위해 친목회, 동창회, 동호인 모임에 나갈 때는 약속 시간보다 30분 정도 먼저 나가는 게 좋다. 모임에 참여하다 보면 30분이나 1시간씩 늦게 오는 사람들이 있다. 심지어는 식사가 끝날 무렵에 나타나는 사람도 있다. 많이들 겪어봤겠지만 이런 사람들과 만나는 것은 별로 유쾌하지 않다. 따라서 어떤 모임이든 일찍 나가서 준비를 도와주고 회원들과 한 명 한 명 인사를 하는 것이 좋다.

그리고 식사 모임이라도 미리 요기를 하고 가는 것이 좋다. 모임에 참석할 때는 먹으러 가는 게 아니라 비즈니스를 하러 간다는 생각을 해야 한다. 대표적인 예로 베이징대학교 부설 디테일경영연구소의 왕중추 소장이 쓴《작지만 강력한 디테일의 힘》에는 전 중국 총리 저우언라이周恩來의 일화가 실려 있다.

한번은 베이징호텔에서 외빈을 초청한 만찬이 있었다. 저우언라이는 외국 손님과 만찬이 있으면 그전에 주방을 자주 찾았다고 한다. 준비 상황을 점검하는 것이 아니라 다른 이유가 있었던 것이다. 그의 첫마디는 "어이 주방장, 국수 한 그릇 말아주게" 였다.

주방에서 일하는 사람들은 이것을 몹시 의아하게 여겼다. '조금 있으면 정성껏 준비한 연회 음식을 드실 텐데 왜 국수를 달라고 하실까?' 라고 생각했던 것이다. 하루는 한 사람이 용기를 내어 저우언라이에게 물었다.

"총리 각하, 식전에 국수는 왜 찾으십니까?"

그러자 저우언라이는 이렇게 말했다.

"귀한 손님을 불러 놓고 배가 고프면 어떡하나. 그러면 먹는 데만 급급할 것 아닌가?"

저우언라이 자신은 먼저 국수로 간단하게 요기를 하고 실제 연회에 나가서는 대충 먹는 시늉만 하면서 손님들이 식사를 잘 하는지 정성껏 챙기려 했던 것이다.

필자의 첫 번째 책《영업, 질문으로 승부하라》에 나오는 미국의 전설적인 자동차 판매왕 조 지라드의 인맥 만들기 방식도 많은 것을 시사한다. 다음은 그것을 재구성한 것이다. 당신은 다양한 모임에 참석할 것이다. 학부모 모임, 반상회, 에어로빅이나 헬스클럽 모임 등. 이때 당신은 어떻게 하고 있는지 다음 질문에 답해보라.

① **나는 적절한 모임에 참가하고 있는가?**

모임이나 회의에 자주 참석하면서도 실적이 없다면, 그 모임이 나의 영업분야와 얼마나 관련이 있는지 분석해보아야 한다.

② 나는 적극적인 참가자인가, 소극적인 참가자인가?

어떤 모임이든 당신이 만든 것처럼 적극적으로 행동해야 한다. 당신이 참가자 중 한 명에 불과하더라도 일찍 도착해서 좌석 배치를 돕고 문가에 서서 사람들을 맞이하라. 주인의식을 가지고 행동하는 것은 다른 참석자들과 자신감 있게 대화를 나누며, 실제 주최자들과 자연스럽게 융화되는 데 도움이 된다.

또한 구체적인 목표를 세우고 모임에 참가해야 한다. 예를 들면 "오늘 밤 나는 새로운 인물 10명을 만나고, 명함을 6개 모아서 거래를 추진하려는 사람 3명을 가려낼 것이다" 와 같은 목표를 세우는 것이다. 모임에 참석하는 목표를 염두에 두면 무언가를 얻을 가능성이 더욱 커진다.

③ 나는 효율적인 접촉방식과 유지방법을 알고 있는가?

모임에서 사람을 사귀는 가장 좋은 기회는 상대방이 "무슨 일을 하시나요?" 라고 물을 때다. 이때는 무슨 일을 하는지에 초점을 맞추는 것이 아니라 자신이 하는 일이 어떤 이득을 주는지에 초점을 맞춰서 답해야 한다. 가령 건강기능식품을 취급한다면 사전에 당신 회사와 제품 등에 대해 간략한 설명- 거래중인 고객, 건강기능식품이 필요한 이유, 자신의 역할, 다른 건강기능식품과 차별성-을 준비해 신속하게 설명해야 한다.

그런데 상대방이 "무슨 일을 하시나요?" 라고 묻지 않는다면 어떻게 해야 할까? 대부분의 사람들은 타인의 말에 귀를 기울이기보다는 자기 자신에 대해 말하는 것을 좋아한다. 그런 성향을 이용해야 한다. 오히려 상대방에게 무슨 일을 하는지 먼저 질문을 던지는 것이다. 자연스레 자신의 직업이나 뭘 하는지 대답할 것이다.

그러면 악수를 나누고 시선을 맞추며 "지금 하시는 일 중에서 가장 어려운 일은 무엇입니까?" 라고 질문을 던진다. 당신은 상대방이 이야기보따리를 풀어놓도록 시동만 걸어주면 된다. 그러면 상대방은 자신의 상황에 대해 이야기를 늘어놓기 시작할 것이다. 당신은 그의 눈을 응시하며 최대한 성심성의껏 경청만 하면 된다.

그리고 상대방이 하고픈 말을 다한 조짐이 보이면 "그렇게 열심히 일하시려면 건강이 중요할 텐데, 건강관리는 어떻게 하세요?" 라고 질문을 던진다. 그러면 "운동을 한다, 소식을 한다" 등 다양한 반응을 보일 것이다. 이로써 화제는 자연스럽게 건강문제로 이어져 당신의 활동공간이 열린다.

④ 확보한 잠재고객에게 거래를 시도하라.

앞에 열거한 세 가지 노력을 통해 거래를 시도할 가치가 있는 사람을 찾아냈다면, 그다음에는 무엇을 해야 할까? 신속하게 거래에 들어가야 한다. 되도록이면 바로 다음 날 방문을 하는 것이 좋다. 더 많은 정서적 교류를 형성하고, 더 많은 질문을 던지며, 더 많은 대화를 나눌 수 있기 때문이다.

그날 성과를 거두지 못했다고 해도 전혀 상관없다. 당신은 잠재고객 명단에 한 사람을 추가했고, 정기적인 접촉 대상을 얻었다는 데 의미를 두면 된다. 오늘 당신의 상품을 구매할 여건이 안 되거나 능력이 부족하다고 해서 6개월이나 1년 후에도 그러리라는 법은 없기 때문이다.

고객을 확보하는 것이나 증원 후보자를 물색하는 것이나 원리는 같다. 어떤 모임에 가든지 증원을 염두에 두라. 그러면 거기서 증원 후보자를 발견할 수 있을 것이다. 당신은 모든 감각을 항상 증원과 매출에 맞추고 있어야 한다.

- 깔때기의 법칙을 실천하기 위한 질문 -

1. 나는 증원 후보자가 몇 명 있는가?

2. 나는 증원 후보자를 확보하기 위해 노력하고 있는가?

3. 나는 모임을 놀러 나가는가, 비즈니스를 위해 나가는가?

4. 내 주변에 자영업자는 누구인가?

5. 내 주변에 새로운 직업이 필요한 사람은 누구인가?

3. 고구마의 법칙

'고구마의 법칙'은 규칙적이고, 지속적이며, 포기하지 않는 증원활동을 의미한다. 고구마 찔 때를 생각하면 그 뜻을 이해할 수 있을 것이다. 당신은 고구마가 익었는지 확인할 때, 젓가락으로 찔러보고 아직 안 익었으면 다시 뚜껑을 닫고 기다린다. 그리고 잠시 후에 다시 뚜껑을 열고 고구마를 찔러본다. 이런 과정이 반복되면 결국 젓가락에 많이 찔린 놈이 빨리 익는다. 젓가락이 찔린 구멍 사이로 뜨거운 김이 스며들어서 그렇다.

증원도 마찬가지다. 증원 후보자를 찾아서 찔러봐야 한다. 증원 후보자가 '노'라고 하면 아직 덜 익은 것이니 나중에 기다렸다가 다시 찔러본다. 그리고 그때도 '노'라고 하면 다시 기다렸다가 찔러본다. 이 것이 반복되면 결국 많이 찔린 후보자가 빨리 증원된다. 고구마와 똑같지는 않겠지만, 확률이 높은 것만은 분명하다. 필자가 방판사업을 할 때의 사례를 통해 고구마의 법칙을 풀어보자.

김복순(가명) 씨는 30대 초반의 여성이었다. 결혼을 일찍 해 큰애는 초등학교, 작은애는 유치원에 다니고 있었다. 예의 바르고 살림 잘 하는 성실한 주부사원이었는데 3개월 정도 출근하다 갑자기 안 나오기 시작했다. 한 명 한 명이 소중했으므로 손을 놓고 있을 수만은 없었다.

6월 중순 어느 월요일, 복숭아 한 상자를 들고 찾아갔다. 복숭아를 아파트 출입문 옆 신발장 위에 올려놓고 거실에 앉았다. 커피 한 잔을 내주기에 마셨다. 나오라느니 마라느니 하는 말은 하지도 않고 돌아왔다. 굳이 그런 말을 하지 않아도 김 씨는 내가 왜 찾아왔는지 알고 있을 테니까.

그다음 날(화요일)에 다시 찾아갔더니 복숭아가 신발장 위에 그대로 있었다. 부담 돼서 못 먹겠다고 했다. 직접 복숭아 몇 개를 꺼내서 깎아 먹고 왔다. 수요일에 또 갔다. 신발장 위에 있던 복숭아 박스는 사라지고 없었다. 그렇게 목요일에도 가고, 금요일에도 갔다.

그리고 토요일. 이제 결정 지을 때라고 생각했다. '확실한 것으로 밀어붙이자' 라는 생각으로 백화점에 갔다. 소갈비를 사갈 생각이었는데 가격을 보고 깜짝 놀랐다. 너무 비싼 건 내게도 부담되지만, 상대방에게도 부담이 될 듯 싶어 굴비를 한 상자 사서 찾아갔다.

굴비를 보더니 김 씨는 반가워했다. 그렇지 않아도 오늘 애들 아빠 퇴근하면 시댁에 가야 하는데 뭘 사갈까 고민했다며 "사장님, 걱정 마세요. 8월 초부터는 나갈게요. 7월에 애들 방학하면 바로 여름성경학교 하는데, 그것 끝나면 나갈게요"라고 했다. 이런 때가 정말 짜릿한 순간이다.

그런데 이 말을 곧이곧대로 믿어도 될까? 그냥 반만 믿으면 된다. 한 달 반 동안 무슨 변수가 생길지는 알 수 없는 일이다. 그 후 1주일에 한 번, 열흘에 한 번 전화해서 밥도 사주고 커피도 사줬다. 그랬더니 김 씨는 8월 초부터 출근을 시작했다.

이처럼 증원은 지속성이 중요하다. 끈질기게 하는 것이 필요하다.

인터넷 교육기업인 메가스터디의 김성오 사장이 수학강사를 스카우트한 이야기는 '고구마의 법칙'을 제대로 보여주는 사례다.

김성오 사장은 인천에 있는 한 고등학교의 수학교사가 수학을 잘 가르친다는 소문을 들었다. 김 사장은 그를 찾아갔다. 수학교사는 현재 고3을 맡고 있으니 가더라도 이번 학년은 졸업시키고 가야 한다며 거절했다. 그 후로도 김 사장은 찾아가고 전화하는 등 30여 번을 시도한 끝에 결국 그 선생님을 스카우트할 수 있었다.

김 사장은 진짜 좋은 사람이라면 '삼십고초려'라도 하라고 강조한다. 삼국지에서 유비가 아들뻘 되는 제갈공명을 찾아간 것을 예로 들며 옛날에는 교통수단이 발달하지 않아 삼고초려도 대단한 것이었지만, 지금은 교통·통신수단이 발달했으니 삼십고초려를 해야 한다는 것이다. 영업활동이 그렇듯이 증원도 계획을 세워 활동해야 하고, 거절을 견뎌낼 수 있는 근성이 있어야 한다.

그리고 계획을 세울 때는 주간계획표에 증원활동도 적어 넣어야 한다. 예를 들어 매일 오후 1시부터 2시까지는 증원 후보자에게 문자를 보내거나 전화하는 시간을 정해놓는다든지 매주 하루 정도는 증원의 날로 정한 후 발품을 팔아야 한다. 이렇게 규칙적으로 계획을 세워야 매일 증원활동이 가능해진다.

'증원은 멀고 매출계약은 가깝다'라는 말이 있다. 그래서 우리는 당장 급한 매출을 위해 많은 시간을 투자한다. 하지만 좀 더 거시적 관점에서 증원에도 시간을 투자해야 한다.

- '고구마의 법칙'을 실천하기 위한 질문 -

1. 나는 증원을 위한 목표와 계획이 있는가?

2. 나는 증원을 위해 규칙적으로 시간을 할애하고 있는가?

3. 나는 거듭되는 거절을 극복할 수 있는가?

필자는 방판업체에서 강의를 시작하면 일단 증원특공대를 만들고 활동하도록 유도한다. 그리고 지원한 사람을 대상으로 특공대를 만들고 서약서를 받는다. 증원특공대의 아이디어와 증원특공대 서약서 양식은 배형순 씨가 쓴《증원·선택》에서 빌려왔다.

아래 양식은 증원면담 기록서다. 1~2주에 1명씩은 작성을 해야 한다. 이것을 규칙적으로 하면 놀라운 결과를 얻을 수 있다. 그러나 제대

증원면담 기록서

작성자 :   면담 일시 : 20   년   월   일

이름 :	나이 : ( )세	증원 예정일:	
연락처	집(직장) :	핸드폰 :	
주소 :			
현재 직업		직업 만족도	
사회활동 경험			
과거 직장경력			
배우자 직업			

- 직업을 바꾸려는 이유 :

1. 수입이 적다. / 2. 일이 힘들다. / 3. 출퇴근 거리가 멀다. / 4. 아이를 봐야 한다.

5. 남편이 반대한다. / 6. 적성에 안 맞는다. / 7. 기타

- 성격 :

1. 내성적이다. / 2. 활발하다. / 3. 말이 없다. / 4. 수다스럽다. / 5. 사교적이다.

6. 차분하다. / 7. 자신감이 있다. / 8. 적극적이다. / 9. 유머가 있다. / 10. 덜렁댄다.

11. 얌전하다. / 12. 성실하다. / 13. 기타

- 용모 :

1. 세련됐다. / 2. 수수하다. / 3. 보통이다. / 4. 신경 안 쓴다. / 5. 호감을 준다.

6. 교양 있어 보인다. / 7. 기타

현재 이용 제품	
현재 건강 상태	
현재 피부 상태	

• 면담할 때 꼭 이야기할 것

1. 우리 업계의 전망을 이야기했는가?

2. 우리 회사의 비전을 이야기했는가?

3. 나 자신의 소득과 보람, 비전을 이야기했는가?

4. 아는 사람 중에 소개해 줄 사람이 있는지 질문했는가?

증원특공대 서약서

1. 특공대원은 매주 1명 이상 증원 후보자와 면담하고, 그 결과를 가지고 특공대 미팅에 참여한다.
2. 매주 ( )요일 ( )시 ~ ( )시까지 증원특공대 미팅을 한다.
3. 미팅에서 각 대원은 1주 동안 노력한 증원활동을 10분씩 발표한다.
4. 1명 이상 증원면담을 못한 대원은 다음 주 미팅에 면담기록카드 2장을 제출하고, 그것을 못하면 자격을 상실한다. 자격상실은 퇴사를 의미하지 않지만, 대리점 일에 관심이 없는 사람이라 불러도 항의하지 못한다.
5. 증원 특공대는 앞으로 ( )월 ( )일 ~ ( )월( )일까지 2달간 운영한다.

20 년 월 일

성명:　　　　　(서명)

로 면담을 하기 위해서는 영업에 대한 확실한 철학과 철저한 준비-가령 업계의 전망이라든가 회사의 비전 등-가 필요하다. 이를 위해 동료들과 함께 매뉴얼을 만들어 놓으면 유용하게 활용할 수 있을 것이다.

4. 톰 소여의 법칙

고객은 영업인의 제안을 받아들이거나 거절하려고 할 때, 관계를 가장 중요하게 따진다. 설득은 메시지의 내용보다 인간관계가 더 중요하다. 이와 마찬가지로 증원 후보자에게는 신뢰성과 호감도가 판단의 잣대가 된다. 전문성이 느껴질 때는 이야기를 들을 만하다고 생각하지만, 신뢰가 느껴질 때는 이야기를 꼭 들어야 한다고 생각한다.

마크 트웨인의 소설 《톰 소여의 모험》의 두 번째 이야기인 '신나는 페인트칠'에는 다음과 같은 내용이 나온다.

휴일이라 친구들과 놀러가고 싶었던 말썽꾸러기 톰 소여는 친구들과 싸웠다는 이유로 이모한테서 나무 담장에 흰색 페인트칠을 하라는 벌을 받는다. 담장에 페인트칠을 하고 있는데 친구 벤이 함께 수영을 가자고 한다. 그러면서 페인트칠을 하고 있는 톰을 놀린다. 이때 톰 소여의 대답이 아주 근사하다.

"담장을 페인트칠할 행운이 날이면 날마다 오는 줄 알아?"

그러면서 콧노래를 부르며 페인트칠을 한다. 이 모습을 본 친구들이 "그 일이 그렇게 재밌니?"라고 묻는다. 그러면서 자기들에게도 기회를 달라고 졸라댄다.

톰 소여처럼 당신도 영업을 재미있게 해야만 다른 사람이 영업을 하고 싶어 한다. 당신은 일을 얼마나 신나게 하는가? 당신이 하는 일을 증원 후보자에게도 자랑스럽게 말할 수 있는가? 이 질문에 답변을 망설인다면 증원은 쉽지 않다.

그리고 증원 후보자에게 좋은 인상을 심어주어야 한다. 복장이나 외모를 가꾸는 것뿐 아니라 표정과 자세에서도 당당함과 자신감을 드러내야 한다. 그래야 다른 사람의 부러움을 살 수 있다. 일반적으로 첫 번째 증원 후보자는 알고 지내던 사람일 가능성이 크다. 영업을 시작하기 전이나 후나 변한 것이 거의 없다면 당신을 따라 출근하고 싶겠는가?

- 톰 소여의 법칙을 실천하기 위한 질문 -

1. 나는 증원 후보자가 부러워할 만한가?

2. 나는 즐겁게 일하는 모습을 보여주고 있는가?

3. 나는 전문가처럼 보이는가?

5. 태교의 법칙

증원 후보자의 이름을 수첩에 올리는 것은 임신에 비유할 수 있다. 당신은 증원한 사람을 '내 새끼'라고 하지 않는가. 임산부가 태교를 하는 이유는 건강하고 똑똑한 아이를 출산하기 위해서다. 태아의 뇌세포는 1분에 25만 개씩 생성된다. 태어날 무렵이면 200억 개로 늘어나는데, 태아와 산모의 관계를 좋을수록 뇌세포는 빠르게 생성된다.

이와 마찬가지로 증원 후보자에게도 태교를 잘 해야 한다. 여기서 태교란 회사와 제품, 사장(국장, 소장, 본부장), 대리점을 자랑하는 것을 뜻한다. 태교를 하듯 좋은 이야기만 해야 증원했을 때 애사심이 생기고 자부심이 생긴다. 신입에게는 처음 들어왔을 때의 마음가짐이 일하는 태도나 정착률에 큰 영향을 미치기 때문이다.

- 태교의 법칙을 실천하기 위한 질문 -

1. 증원 후보자를 만나 회사의 비전을 설명할 수 있는가?

2. 증원 후보자를 만나 업계의 비전을 설명할 수 있는가?

3. 나는 항상 긍정적인 자세로 증원 후보자를 만나는가?

자, 이제 정리를 해보자. 증원의 5가지 법칙은 '필요성의 법칙', '깔
때기의 법칙', '고구마의 법칙', '톰 소여의 법칙', '태교의 법칙'이다. 이
것들을 아는 것만으로는 의미가 없다. 각각의 실천사항들을 행동으
로 옮길 때 비로소 거미형 영업인이 될 수 있다.

> ☝ **오늘 당장 해야 할 일**
>
> 1. 증원 대상자를 관리하는 수첩을 마련한다.
> 2. 증원 대상자 명단을 적고, 증원 예정일을 정한다.
> 3. 증원할 계획을 구체적으로 세운다.
>
> ☝ **지속적으로 해야 할 일**
>
> 1. 출근하면 증원관리 수첩을 본다.
> 2. 수시로 증원관리 수첩을 본다.
> 3. 매일 증원 대상자를 늘려나간다.
> 4. 규칙적으로 증원활동을 한다.
> 5. 동료들과 증원방법을 논의한다.

증원 후 관리와 육성법

증원을 아무리 많이 해도 정착을 시키지 못하면 아무 의미가 없다. 증원을 하고 육성을 잘한 사람과 그렇지 못한 사람은 실제로 소득에서도 큰 차이를 보인다. 당신의 조직을 한번 살펴보라. 매출은 비슷한데 증원을 많이 한 사람은 급여가 더 많다는 것을 금방 알 수 있을 것이다.

방판업계에 종사하는 많은 영업인들이 판매 수수료 몇 %에 목숨을 건다. 방판업체는 수수료가 25~35%의 수준인데, 이거 따지는 사람 치고 일 잘하는 사람이 없다. 증원을 하면 판매 수수료는 신경을 안 써도 된다. 방문판매에서 소득을 올리는 방법은 판매수당에 있는 것이 아니라 조직을 관리하는 데 있기 때문이다.

그래서 증원한 사람을 육성하는 것이 아주 중요하다. 증원이 성과로 연결되는 것이 아니라 육성이 성과로 연결되기 때문이다. 그렇다면 육성은 어떻게 해야 할까? 거기에는 몇 가지 원칙이 있다.

1. 관계가 끊어지면 성장도 끝이다

증원을 한 것은 출산을 한 것과 같다. 누군가를 데려다가 영업소에 앉히는 것은 아이를 강보에 싸서 안고 있는 것과 같다. 증원자와 피증원자가 좋은 관계를 맺는 것은 산모와 신생아가 신체 접촉을 하는 것과 같다. 아이가 태어나면 신체 접촉을 많이 해야 한다. 신체 접촉은 성장과 생존에 필요한 영양 공급만큼이나 중요하다.

〈뉴욕타임스〉의 칼럼니스트인 데이비드 브룩스가 쓴《소셜 애니멀》에는 다음과 같은 사례가 나온다.

1945년에 오스트리아의 정신과 의사 르네 스피츠가 미국의 한 고아원을 대상으로 연구를 했다. 고아원은 세심하게 관리되고 있었고 청결했다. 아이 8명에 간호사 1명씩 배정되어 있었고 고아원 아이들에게는 영양이 충분히 공급되고 있었다.

그러나 아이들을 하루 종일 혼자 있게 했다. 병원균에 노출시키지 않기 위한 배려였다. 침대 시트도 항상 깨끗하게 유지했다. 이처럼 청결한 위생상태에도 불구하고 고아원에 있던 아이들 가운데 37%가 만 두 살이 되기 전에 사망했다. 이 아이들에게는 살아가는 데 절대로 필요한 한 가지가 없었던 것이다. 그것은 바로 애정 어린 접촉이었다.

최근에 외롭게 사는 사람들은 그렇지 않은 사람에 비해 일찍 사망

할 가능성이 3~5배가량 높다는 의학적인 연구 결과도 바표되었다. 이 것은 관계라는 것이 사람들이 사는 사회에서 얼마나 중요한 것인지 잘 보여주는 예라 할 수 있다.

인간의 피부는 기본적으로 두 가지 기능을 한다. 하나는 촉각으로 피부에 닿는 물체가 무엇인지 알아내기 위해 뇌로 정보를 보내는 것 이고, 또 하나는 피부 접촉으로 의사소통을 하는 것이다. 피부 접촉은 호르몬과 화학물질을 내보내고, 혈압을 낮춰주어 사람을 편안하게 만들어준다. 아이는 엄마 품에 안겨 젖을 빨면서 뇌세포 분열이 더욱 빨라지고, 성장에 자극을 받는다.

무표정 연구라는 것이 있다. 엄마들에게 아이들과 대화를 중단하 고, 소극적으로 반응하며, 멍한 표정을 짓게 했다. 그러자 아이들은 긴장을 하고 울면서 떼를 썼다. 엄마의 관심을 얻기 위해 필사적으로 애를 쓴 것이다. 그래도 엄마가 반응을 보이지 않자 잔뜩 위축되어 수 동적으로 바뀌었다. 이처럼 아이들은 다른 사람의 얼굴에 반영된 마 음을 읽어 내면상태를 조직한다.

아이의 에너지는 엄마의 에너지에 의해 조절된다. 즉 엄마의 뇌가 아이의 뇌를 완성시켜가는 것이다. 비록 말은 못하지만, 아이는 피부 접촉이나 얼굴 표정 등으로 엄마와 의사소통을 하며 마음의 안정을 찾고, 뇌와 육체가 무럭무럭 성장하는 것이다.

갓난아이에게 엄마의 관심이 매우 중요하듯 처음 들어온 신입에게 먼저 들어온 사람들의 역할은 중요하다. 처음 시작이 얼마나 중요한 지를 보여주는 좋은 사례가 《소셜 애니멀》에 있다.

1997년 개리 맥퍼슨은 악기 연주를 배우려는 어린이 157명을 무작위로 선정
했다. 나중에 이 아이들 중 일부는 훌륭한 연주자가 되었고, 일부는 중도에 포
기했다. 맥퍼슨은 두 부류로 나누어지게 하는 특성이 무엇인지 연구했다. 지
능지수는 훌륭한 지표가 되지 못했다. 청각의 민감성이나 수학 실력, 수입, 리
듬 감각도 마찬가지였다.

가장 훌륭한 지표는 "너는 앞으로 얼마 동안이나 악기를 연주할 거라고 생각
하니?" 라는 질문에 대한 답변이었다. 맥퍼슨은 아이들이 악기를 선택하기도
전에 이 질문을 던졌다. 잠깐 동안만 할 계획이라고 대답한 아이들은 숙달된
연주자가 되지 못했다. 앞으로 몇 년 동안 계속 연주할 것이라 대답한 아이들
은 그 방면에서 상당한 수준으로 성공했다. 그중에서 "난 음악가가 될 거예요.
평생 연주하며 살 거예요" 라고 대답한 아이들은 높이 날았다. 첫 번째 레슨 때
아이들이 가지고 있던 생각이 앞으로 아이가 얼마나 발전할지를 알려주는 지
표였던 것이다.

영업도 마찬가지다. 다른 직장을 구하기 전에 잠깐 머무는 사람은
열정이 없다. 그런 사람들은 세일즈 기법을 배우려고 노력을 하지도
않는다.

아이를 키우다 보면, 얌전해서 키우기 수월한 경우도 있고, 극성 맞
아서 키우기 힘든 경우도 있다. 신입도 마찬가지다. 당신을 편안하게
해주는 사람도 있고, 속상하게 하는 사람도 있다. 한 가지를 알려주
면 열 가지를 아는 아이가 있는가 하면 늦게 배우는 아이도 있다. 마
찬가지로 당신의 말을 잘 알아듣는 신입도 있지만, 답답한 신입도 있

다. 많은 사람이 사는 사회이니만큼 다양한 인간군상이 존재할 수밖에 없다.

그래도 당신은 관심을 가지고 그들을 이끌어야 한다. 자식의 성향과 행동이 어떻든 정성과 사랑으로 아이를 보살피듯 말이다. 부모와 친밀한 관계를 가지며 아이가 성장하듯 신입은 당신과의 관계를 통해 성장하기 때문이다. 관계가 끊어지면 정착도, 성장도 없다.

〈우리 아이가 달라졌어요〉라는 텔레비전 프로그램을 보면 다루기 힘든 아이들이 등장한다. 대부분의 전문가가 아이들의 문제를 바로잡는 과정에서 부모들이 행동을 교정해야 한다고 말한다. 부모들이 바뀌면 마침내 아이들이 정상으로 돌아온다.

이와 마찬가지로 신입에게 문제가 있다면 그 원인을 자신에게서 찾아야 한다. 부모가 제대로 보살펴야 건강하고 정상적인 아이로 성장할 수 있듯이 당신은 신입에게 지속적인 관심을 보여 성장을 도와야 한다. 《동기부여의 기술》에는 신입에게 관리자가 얼마나 중요한지 보여주는 사례가 등장한다.

생명보험사관리협회는 유능한 관리자와 그렇지 못한 관리자 밑에서 근무하고 있는 보험회사 영업사원들 100명씩을 대상으로 업무 실적을 분석해보았다. 영업 관련 적성검사 점수가 중간 정도였던 직원들의 경우, 유능한 관리자 밑에서 근무한 직원들의 실적이 그렇지 못한 관리자 밑에서 근무한 직원들의 실적보다 5배나 높은 것으로 밝혀졌다. 그리고 적성검사 점수가 높은 직원들의 경우, 2배 정도 높은 것으로 드러났다.

또한 뉴잉글랜드 지역의 포드 대리점에서 근무하는 영업사원들의 실적을 분석한 결과, 실적이 우수한 영업사원들이 특정 대리점에 집중되어 있다는 사실이 드러났다. 예를 들어 상위 15명의 영업사원들 중 10명이 200개에 달하는 대리점들 중 3개의 대리점에 소속되어 있었다. 그리고 15명 중 5명은 실적이 매우 높은 같은 대리점에 소속되어 있었다. 실적이 좋지 않은 딜러들과 함께 일한 경험이 있는 영업사원은 단지 4명에 불과했다.

2. 일하는 방법을 가르쳐라

아이들은 엄마 흉내를 내면서 자란다. 아이들은 엄마가 입을 벌리거나 도리도리를 하면 이것을 따라한다. 그리고 엄마와 눈을 맞추거나 엄마의 몸짓을 흉내 내면서 성장한다. 엄마는 아이에게 배우나 성우인 것이다. 이렇게 엄마를 흉내 내는 아이일수록 말을 일찍 배운다.

인간이 다른 사람의 말이나 행동을 자동적으로 재연할 수 있는 것은 거울 신경세포 때문이다. 그 덕에 당신은 다른 사람이 경험한 일을 자신에게 일어난 일처럼 느낄 수 있는 것이다. 그리고 상대를 모방할수록 서로를 더 좋아하게 되며, 서로를 더 좋아할수록 더 많이 모방하게 된다.

그렇다면 신입은 누구를 보고 배울까? 아이가 엄마를 보고 배우듯 신입은 증원한 사람을 보고 배운다. 가령 아이가 엄마의 잘못된 젓가락질을 배웠다고 생각해보라. 평생 동안 잘못된 젓가락질을 할 것이다. 처음과 증원한 사람이 중요한 이유가 바로 여기에 있다.

그렇다면 처음 들어온 신입은 무엇을 배워야 할까? 그리고 처음 온 신입에게 당신은 무엇을 가르쳐야 할까?

첫째, 회사 시스템과 일하는 법을 가르쳐야 한다.

신입이 처음 들어오면 으레 상품 교육이나 급여체계, 승진제도 등을 설명한다. 그리고 매출과 증원을 얼마만큼 해야 승진이 된다고 교육한다. 이것이 잘못된 건 아니다. 당연하다. 그러나 신입에게는 정작 일하는 방법을 구체적으로 알려줘야 한다.

일반적인 영업조직에서는 상품과 급여체계, 승진제도 등을 교육하고 나면 나머지는 신입의 역량에 의존한다. 신입이 입사 전에 대인관계가 원만했거나 말주변이 좋고, 호감가는 외모를 가지고 있다면 3~4개월은 괜찮은 영업 실적을 올릴 수도 있다.

그러나 궁극적으로 신입을 정착시키려면 일하는 방법, 즉 세일즈 기법을 체계적으로 가르쳐야 한다. 방판업체만 보더라도 이런 교육을 철저히 한 조직은 영업인들의 단위 매출이 높고, 소홀한 조직은 단위 매출이 낮으며 이직률이 높다.

다음 두 문장을 비교해보자.

- 우리 회사는 기본적으로 매출 110만 원은 해야 합니다.(X)
- 매출 110만 원을 하려면 적어도 고객 5명을 확보해야 합니다. 이번 달에 매출이 가능한 고객의 이름을 한번 적어보세요.(O)

- 주간 활동계획을 세우고 활동일지를 꼭 써야 합니다.(X)
- 주간 활동계획은 너무 무리하지 않게 짜고, 활동일지는 고객을

만나며 있었던 일 중 중요한 사항을 적어야 합니다. (O)

(X)를 한 문장은 단순히 의무적으로 할 일만을 가르쳐준다. 그러나 (O)을 한 문장은 신입이 할 일뿐만 아니라 어떻게 일을 해야 하는지 구체적으로 알려준다. 영업 현장은 전쟁터와 같다. 전쟁터에 나가는 군인에게 충분한 준비와 훈련을 시키지 않은 채 내보낸다면 어떻게 되겠는가? 전사할 확률이 높다. 그렇다면 신입에게 충분한 준비와 훈련을 시키지 않은 채 현장에 내보낸다면 어떻게 될까? 이직할 확률이 높다.

둘째, 실질적인 사례를 보여줘야 한다.

영업은 이론보다는 경험이 중요하다. 고객을 만나 상담하는 모든 과정을 이론으로만 가르칠 게 아니라 직접 동행해 몸으로 보여줘야 한다. 아이들이 부모를 보고 배우듯 신입은 당신을 보고 배운다. 영업 현장에 맞춤형 상황이란 없다. 상황 하나하나가 다르기 때문에 신입은 그에 대한 대처방법을 배워야 한다.

그러나 이것은 교실에서 배울 수 있는 게 아니다. 직접 현장에서 배워야 한다. 물론 자신이 직접 몸으로 부딪쳐가며 배울 수도 있겠지만, 그전에 실질적인 사례를 눈으로 보고 배운다면 훨씬 수월하게 적응할 수 있을 것이다.

셋째, 적절한 피드백으로 활동관리를 해야 한다.

다음 문장들을 비교해보자.

- 오늘 매출 얼마나 했어요.(X)

- 이번 달엔 얼마로 마감이 될까요? 200만 원은 꼭 합시다.(X)

- 매출을 200만 원을 하려면 고객이 20명 정도는 있어야 합니다. 우리 함께 고객의 이름을 적어볼까요. 그리고 하루 2~3명씩 나눠서 만나세요. 혹 상품 설명에 자신이 없으면 제가 같이 가서 도와 드릴게요.(O)

- 이 달에 증원이 몇 명쯤 가능하시죠?(X)

- 이 달에 3명은 증원해야 됩니다.(X)

- 증원을 하려면 먼저 증원 대상자를 선택해야 돼요. 이것은 제 증원수첩입니다. 저처럼 증원수첩을 마련해 이름을 적어보세요.(O)

(X)를 한 문장은 일한 결과만을 관리하기 때문에 신입은 추궁당한다는 느낌을 받을 수 있다. 이런 방법은 스트레스만 준다. 신입이 관리를 받고 싶은 것은 일의 결과가 아니라 과정이다. 그래야 성과가 부족할 때, 어디에 문제가 있는지 알고 수정할 수 있기 때문이다.

이때 피드백은 신입에게 매우 중요하다. 신입이 일을 잘 하고 좋은 성과를 낼 경우에 칭찬하는 것은 쉬운 일이지만, 반대일 때 이를 고쳐주기란 쉽지 않다. 신입의 발전을 위한 피드백이라면 불편하더라도 해야 한다. 정직한 피드백이야말로 신입에게 줄 수 있는 최고의 선물이다. 피드백은 신입의 성장과 발전을 위한 중요한 동기부여 수단이다.

하지만 피드백은 받는 사람을 배려해야 한다. 자칫 과한 피드백은 의욕을 꺾어버리거나 자신감을 잃게 할 수 있다. 또한 피드백이 아무리 뛰어나도 신뢰하지 않으면 아무 소용이 없다. 신뢰는 서로 존중하고 아껴줄 때 생겨난다. 그렇다면 그런 환경은 어떻게 만들 수 있을까? 다음과 같은 방법이 있다.

- 상호 존중심을 보여줄 수 있는 환경을 만드는 법 -

1. 다른 사람 앞에서 비판하지 않는다. 잘못을 지적하고 고쳐야 할 점을 말해야 한다면 사적인 자리에서 하는 것이 좋다.

2. 고칠 점을 말한 뒤에는 앞으로 잘할 수 있을 거라며 용기를 북돋우고 관심을 보여준다.

3. 상대방의 자존심을 해치지 마라. 예를 들어 손가락질을 한다든가, 인사를 해도 건성으로 받고, 질문에 대답하지 않는 행동은 금물이다.

4. 인간관계의 황금률을 기억한다. 즉 신입이 나를 대접해주기를 바라는 만큼 신입을 대접한다.

이렇게 서로가 신뢰를 가진 상황에서 신입의 행동을 관찰하고 검토하여 정직하고 정확하게 피드백을 한다면, 그들은 기꺼이 피드백을 수용할 것이다.

3. 연습과 경험이 뇌를 바꾼다

필자는 실력 있는 영업인은 타고나는 게 아니라 길러진다고 믿는 사람이다. 당신이 스포츠를 배운다고 가정해보자. 골프든 테니스든 처음에 기초를 잘 배워야 한다. 기초를 대충 배워놓으면 어느 순간 한계에 부딪친다. 영업도 마찬가지다. 초기에 기초를 제대로 배우지 않으면 좋은 성과를 낼 수 없다.

모든 분야가 그렇듯 영업에 타고난 능력을 가진 사람도 있게 마련이다. 이들은 조금만 노력해도 좋은 성과를 낸다. 그러나 이런 사람은 소수에 지나지 않는다. 대부분은 배우지 않으면 좋은 성과를 낼 수 없다. 이런 사실을 과학적으로 증명한 사람이 바로 플로리다 주립대학교의 심리학자인 안데르스 에릭슨이다.

그의 연구 결과는 '1만 시간의 법칙'으로 잘 알려져 있다. 타고난 재능보다 더 중요한 것은 얼마나 시간을 투자하여 연습하느냐에 달려 있다. 연습량이 많을수록 우리 뇌 속의 미엘린은 두터워진다. 미엘린은 아래 그림에서 볼 수 있듯이 전선의 피복과 비슷하다. 이것은 신경세포를 둘러싼 백색물질로 뉴런을 통해 전달되는 전기신호가 누출되거나 흩어지지 않게 보호하는 역할을 한다.

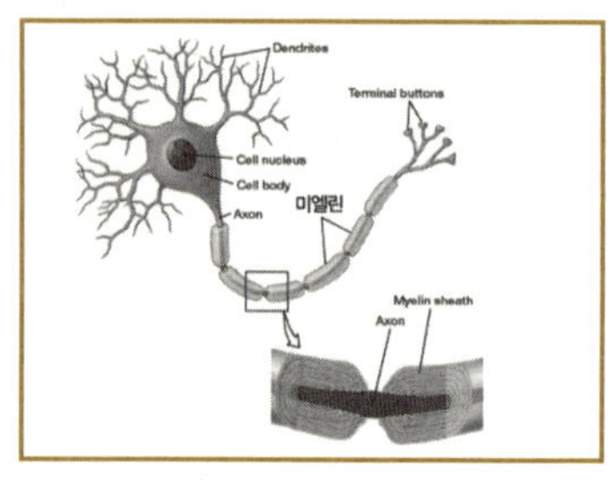

영업도 마찬가지다. 설명하는 능력이 부족한 경우, 그 부분을 꾸준히 연습하면 뇌에서 언어능력을 담당하는 미엘린이 두터워져 실력이 늘게 된다. 꾸준한 연습을 통해 뇌에 변화가 생기는 것이다. 운동선수들이 꾸준한 연습을 통해 본능적으로 대응을 하듯이 신입들이 세일즈 기법을 꾸준히 연습해야 하는 이유도 여기에 있다.

그러면 신입에게 가르쳐야 하는 것에는 어떤 것이 있을까? 아래에 나와 있듯이 고객을 발굴하여 상담하고 사후 관리하는 요령을 체계적으로 가르쳐야 한다. 물론 일부 신입들은 스스로 지식을 습득해 현장에 적용하는 경우도 있다. 하지만 혼자 습득하는 것보다는 누군가가 체계적으로 가르쳐주면 짧은 시간 내에 더 많은 효과를 얻을 수 있다.

- 신입에게 가르쳐야 할 세일즈 기법의 범위 -

1. 고객 발굴 방법

2. 고객의 신뢰를 얻는 법

3. 고객의 문제를 찾아내는 방법

4. 고객의 필요와 욕구를 강화하는 방법

5. 고객의 고민과 불안을 해결하는 방법

6. 효과적인 상품 설명법

7. 고객관리 방법

그런데 이와 함께 병행해야 할 것이 있다. 바로 인성교육이다. 인성교육에서는 어떤 것을 가르쳐야 할까? 다음과 같은 것들이다.

- **신입에게 가르쳐야 할 인성교육의 범위** -

1. 회사를 사랑하는 마음

2. 긍정적이고 적극적인 자세

3. 직업인으로서의 책임감

4. 영업인으로서의 자부심과 자신감

5. 고객을 사랑하는 마음

이 책 앞부분은 모두 영업인의 인성교육을 위한 것들이다. 인성이 제대로 갖춰지지 않으면 높은 성과를 낼 수 없다. 말재주가 좋고 인상이 좋아 처음에는 어느 정도 성과를 낸다고 해도 고객의 신뢰를 얻지 못해 더 이상 성장과 발전을 할 수 없다. 간혹 얕은 재주로 조직의 화합을 깨뜨리고 분위기를 망치는 사람들이 있는데, 이것을 예방하려면 인성교육이 필수다.

그다음으로는 상품과 연관된 지식교육이 뒤따라야 한다. 아주 기본적인 것이지만, 이 교육을 받지 않고 고객을 만나는 사람도 있다. 아울러 능력 있는 영업인으로 성장시키기 위해서는 조직의 활동규칙을 지키도록 해야 한다. 그들이 따라야 하는 활동규칙이란 다음과 같다.

- **신입에게 필요한 활동규칙** -

1. 출근은 반드시 해야 한다.

2. 지역을 정해 규칙적으로 활동하도록 한다.

3. 주간계획표를 작성하도록 한다.

4. 일일 활동일지를 꼭 기록하도록 한다.

5. 영업활동 목표를 정하도록 한다.

　방판조직은 일반적으로 느슨하다. 일을 하러 나온 건지 소풍 나온 건지 분간이 안 되는 곳도 많다. 어떤 곳은 조회가 끝나면 지부장들이 사무실에 마련된 주방으로 밥을 하러 들어가기도 한다. 분명한 것은 일을 하러 나오는 사람과 소풍 나온 사람은 마음자세가 다르고 성과에서도 차이가 난다는 것이다.

　따라서 신입 스스로 잘하기를 바라지 말고 어제 일한 것은 어땠는지, 판매하는 데 어려움은 없었는지, 상품이나 영업에 관한 지식은 얼마나 지니고 있는지, 업무일지는 쓰는지, 증원 대상자는 있는지 등을 묻고 답하는 과정을 통해 지속적으로 동기부여를 해야 한다. 그렇지 않으면 신입을 프로로 만들어내는 것은 거의 불가능에 가깝다.

🖐 오늘 당장 해야 할 일

1. 증원한 사람을 어떻게 키울 것인지 고민해보자

2. 증원한 사람과 함께 동행할 계획을 세워보자.

3. 증원한 사람에게 필요한 기본기가 무엇인지 정리해보자.

🖐 지속적으로 해야 할 일

1. 증원한 사람이 잘 정착할 수 있도록 관리하고 돌본다.

2. 증원한 사람을 잘 관찰하고 적절한 피드백을 해준다.

3. 증원한 사람에게 지속적인 관심을 보이고 동기부여를 한다.

03

동기부여의 법칙 1: 기대와 관심의 법칙

10여 년 전 방문판매업에 뛰어들었을 때, 필자는 자신만만했었다. 그러나 채 1년도 못 가 자신감은 산산조각이 났다. 주부사원을 모집해 교육하고, 동기부여를 한다는 것이 생각처럼 쉽지 않았기 때문이다. 차라리 직접 영업을 하는 게 더 낫겠다 싶었다. 다른 사람에게 동기부여를 한다는 것은 정말 힘든 일이었다. 동기부여에 관심을 갖게 된 것은 오히려 그 때문이었다.

세일즈 기법을 다룬 책과 자기계발서를 읽으며 동기부여에 대한 팁을 얻었지만, 여전히 답답했다. 뭔가 시원한 해결책이 필요했다. 현장에서 바로 써먹을 수 있는 구체적인 동기부여 방법에 목말랐던 것이다. 그래서 책을 계속 읽고, 현장에서 적용하는 것을 반복할 수밖에 없었다.

인간은 혼자서 모든 것을 다 할 수는 없다. 누군가와 도움을 주고받아야 한다. 조직의 대표라면 적게는 한두 명에서 많게는 수십만 명의 조직원들과 일하게 된다. 조직원들이 열심히 일하도록 하는 것은 리더의 핵심 자질이다. 이에 대해 미국 카네기 멜론 대학교 교수인 로버트 켈리는 연구와 조사를 통해 '조직의 업적에 미치는 영향력 중에 80~90%는 조직원의 것이고, 10~20%가 리더의 것'이라는 결론을 내렸다.

그럼 조직원에 대해 살펴보자. 어떤 사람은 열정적으로 일하지만, 어떤 사람은 마지못해서 일한다. 어떤 사람은 시키지 않아도 하는데, 어떤 사람은 손에 쥐어줘도 하지 못한다. 어떤 사람은 자신보다 조직을 위해 일하는데, 어떤 사람은 자신에게 손해될 짓은 절대 안 한다. 어떤 사람은 높은 직위에 관심을 두지만, 어떤 사람은 돈과 직위에 상관없이 자기의 일을 즐긴다.

당신의 조직원은 어떤가? 자신의 회사인 것처럼 열심히 일하는가? 시키지 않아도 열정적으로 일하며 맡은 일에서 성과를 내는가? 그렇게 완벽하고 이상적인 조직은 거의 없다. 조직원들마다 행동하는 이유나 목적이 다르다. 이렇게 제각각인 조직원들이 열심히 일하도록 동기부여를 하는 것이 리더가 할 일이다.

그러면 당신은 어떤 리더인가? 스스로 좋은 리더라고 생각하는가? 좋은 리더라면 한 번쯤 다음과 같은 질문을 해봤을 것이다.

- 어떻게 하면 조직원들을 내 뜻대로 따라올 수 있을까?
- 어떻게 하면 조직원들이 열정을 가질 수 있을까?

- 어떻게 하면 조직원들이 자신감을 가질 수 있을까?
- 어떻게 하면 조직원들이 충성심을 가질 수 있을까?
- 어떻게 하면 조직원들이 맡은 일에 몰입할 수 있을까?
- 어떻게 하면 조직원들이 잠재력을 발휘할 수 있을까?
- 어떻게 하면 조직원들이 목표를 세우고, 뛸 수 있을까?
- 어떻게 하면 조직원들이 즐겁게 일할 수 있을까?

이런 질문이 필요 없는 조직원도 물론 있다. 그들은 알아서 목표를 정하고, 열정적으로 일하며, 조직에 충성한다. 조직에 이런 사람들만 있다면 얼마나 행복하겠는가. 하지만 그런 상황은 거의 존재하지 않는다. 열정적이고, 능동적인 직원들을 채용해도 열정과 도전정신을 계속 가진다는 보장도 없다. 적절한 시기에 적절한 방법으로 동기부여가 필요한 이유가 여기에 있다. 다음의 신문기사는 동기부여가 왜 필요한지, 리더의 역할이 왜 중요한지 잘 보여주는 예다.

한국의 직장인 가운데 48%는 업무에 열의가 없으며, 적극적으로 나서서 일한다는 사람의 비율은 6%에 불과하다는 설문조사 결과가 나왔다.

글로벌 인사컨설팅업체인 타워스 왓슨은 19일 '2010 글로벌 인적자원 보고서'에서 한국의 직장인 1,000명을 대상으로 조사를 한 결과, 업무에 '완전히 몰입해서 일한다' 고 답변한 사람이 6%에 불과했다고 발표했다. 자신의 업무에 '별로 몰입하지 않는다' 고 답한 사람은 전체의 38%였으며, '마지못해 일한다' 는 사람은 10%로 조사됐다. 전체의 절반에 가까운 48%가 자신의 업무에 흥미를 느끼지 못하고, 시키는 일만 하고 있는 셈이라고 보고서는 진단했다. 타워스 왓슨은 '몰입' 이 기업의 성공을 직원들이 위해 자발적으로 추가적인 시간과 에너지를 투입할 용의가 있는지를 의미한다고 설명했다. 신명나게 일하는 사람이라는 얘기다.

조사 대상 22개국 직장인 2만여 명 가운데 직장 내 업무에 '몰입한다' 고 응답한 비율은 21%였다. 한국의 직장인 가운데 열심히 일하는 사람의 비율은 글로벌 평균의 3분의 1에도 못 미쳤다. 순위로는 21위로 꼴찌인 일본(5%)과 거의 차이가 없었다. 전체 조사 대상 중 '몰입하지 않는다' 와 '마지못해 다닌다' 고 답한 직장인의 비율은 38%로 한국 기업의 48%보다 10%포인트 정도 낮았다.

타워스 왓슨은 한국 기업의 직원들이 업무에 몰입하지 못하는 가장 큰 이유는 리더십 부족 때문이라고 지적했다. 조사 결과, 직원들이 회사 일에 적극적으로 나서는 동기는 리더십, 경력 개발, 보상 순이었다. 한국 직원들 가운데 경영진의 리더십에 만족한다고 답한 응답자의 비율은 37%에 불과해 조사 대상 22개국 가운데 최저 수준이었다.

그리고 경력 계발과 보상에 대한 불만도 큰 것으로 나타났다. '경영진이 인재 육성에 힘쓰고 있다' 는 질문엔 응답자의 32%, '경영진이 직원 복지 수준에 관심이 있다' 는 물음엔 응답자의 27%만이 긍정적으로 답했다. 글로벌 평균보다 10% 이상 낮은 수치다.

출처_ 〈한국경제신문〉

여기서 보듯이 한국 기업에 근무하는 직원들이 업무에 몰입하지 못하는 가장 큰 이유는 '리더십 부족' 때문이다. 경영진의 리더십에 만족한다고 답한 비율도 37%에 불과해 조사 대상 22개국 가운데 꼴찌였다. 리더십 부족이 동기부여에 지대한 영향을 미친다는 것을 알 수 있다.

하버드 대학교 제임스 교수의 연구에 따르면, 동기부여가 전혀 없는 조직의 구성원은 자신의 능력을 20~30%밖에 발휘하지 못하는데 비해, 강한 동기부여를 받은 조직원들은 자신 능력의 80~90%까지 발휘하는 것으로 나타났다. 좋은 리더는 조직원에게 강요를 하지 않는다. 다만 동기부여를 할 뿐이다.

당신의 조직이 성과를 내지 못하는 조직이라면 조직원에게서 문제를 찾으려 하지 말고 먼저 자신을 점검하는 시간을 가져야 한다. 이를 위해 다음의 질문을 통해 스스로를 점검해보라.

- 조직원에게 기대하는 것이 있는가, 아무것도 기대하지 않는가?
- 조직원에게 일을 맡기는가, 내가 결정하고 명령하는가?
- 조직원을 험담하는가, 감싸주는가?
- 조직원에게 다가가 웃어주는가, 권위적으로 대하는가?
- 조직원 개인에게 관심이 있는가, 무관심한가?
- 조직원이 즐겁게 일하기를 바라는가, 스트레스 받기를 원하는가?
- 조직원의 성장과 발전에 관심이 있는가, 무관심한가?

위의 7가지 질문 가운데 부정적인 답변이 하나라도 있다면 조직원을 변화시키기 전에 자신이 변해야 한다. 리더가 변하지 않으면 어떤 동기부여도 통하지 않기 때문이다. 이런 리더들은 대개 권위적이고 이기적이며, '엉덩이 걷어차기'를 통해 동기부여를 한다. '엉덩이 걷어차기'란 소리를 지르며 지금 당장 행동하라고 지시하는 강압적인 방법을 말한다.

조직원이 할 수 없이 그곳에 붙어 있어야만 한다면 '엉덩이 걷어차기'야말로 확실하고 직접적인 방법이다. 그러나 그때뿐이다. 리더가 없으면 움직하지 않는다. 영업조직에서 이런 방법은 오래가지 못한다. 특히 방판조직에서는 잘 먹히지 않는다. 동기부여란 조직원을 기술적으로 다루는 것이 아니다. 진심어린 마음 없이 기술만으로는 결코 동기부여가 되지 않는다.

그래서 이제부터 본격적으로 동기부여의 법칙을 다루고자 한다. 수많이 심리학자들이 연구해놓은 결과 위에 동기부여를 접목해보았다. 당신이 이것을 잘 활용한다면 좋은 리더라는 평판을 듣게 될 것이며, 조직원들은 열정을 가지고 맡은 일을 성취할 것이다.

그렇다고 해서 이것이 모두에게 적용되는 만병통치약은 아니다. 인간은 매우 복잡한 존재이며, 늘 변한다. 때로는 욕구가 없어지기도 하고, 새로운 욕구가 생기기도 한다. 따라서 리더는 개인의 특성과 상황에 따라 이것들을 적절히 구사해야 한다.

1. 기대의 법칙

누군가 기대하는 것이 있다면 그만큼 더 잘하고 싶은 것이 인간의 욕구다. 잘할 것이라고 하면 잘하고 싶고, 똑똑하다고 하면 똑똑해지고 싶은 것이다. 기대는 그만큼 동기부여를 하는 데 강력한 도구다. 기대하면 기대한 대로 된다는 '피그말리온 효과'를 그리스 신화를 통해 알아보자.

그리스의 섬 키프로스에 왕이자 조각가인 피그말리온이 살았다. 피그말리온은 여자들의 결점을 너무 많이 알게 되자 여자를 혐오하게 되었다. 마음에 드는 여자도 없었고, 어떤 여자에게도 아름다움을 느끼지 못했으며, 아무도 사랑할 수 없었다. 그래서 그는 결혼하지 않기로 결심했다.

피그말리온은 자신이 만나고 싶고 사랑하고 싶은 아름다운 여인을 조각하기로 마음먹었다. 그는 혼신의 힘을 다해 아름다운 여인상을 조각했다. 피그말리온은 자신이 조각한 여인상이 정말 아름답게 보였다. 그러다가 그만 여인상과 사랑에 빠졌다. 여인상의 귀에 대고 사랑을 속삭이고, 예쁜 옷을 입히고, 귀걸이를 해주고, 반지를 끼우며 여인상을 젊고 아름다운 아가씨로 꾸며나갔다. 그는 하루 종일 여인상만 바라보며 이루어질 수 없는 사랑에 가슴 아파했다.

그래서 피그말리온은 아프로디테 여신의 축제일에 여인상과 똑같은 여인을 만나 결혼하게 해달라고 기도했다. 아프로디테는 피그말리온의 마음이 정말 간절한 것을 알고 여인상에 생명을 불어넣어주기로 했다. 기도하고 돌아온 어느 날, 간절한 마음으로 여인상을 끌어안자 체온이 느껴졌다. 깜짝 놀란 피그말리온은 여인상에 입을 맞추었다. 그러자 여인상은 천천히 움직이며 그가 꿈에 그리던 여인이 되었다. 피그말리온은 자신의 조각품이었던 그 여인에게 '갈라테이아'라는 이름을 지어주고 행복하게 살았다.

미국의 교육심리학자인 로버트 로젠탈이 쓴《피그말리온 효과》에는 다음과 같이 기대의 법칙에 대한 사례가 나온다.

로버트 로젠탈은 한 초등학교에서 실험을 했다. 그는 전교생을 대상으로 지능검사를 한 후 20%의 학생들을 뽑아 교사들에게 '아주 우수한 학생'이라고 알려주었다. 그러나 이것은 사실이 아니라 그냥 무작위로 뽑은 것이었다. 교사와 학생을 속이기 위한 거짓말이었던 것이다.

그런데 8개월 후 다시 측정했을 때 '아주 우수한 학생'으로 분류되었던 20% 학생들의 지능이 평균보다 높게 나왔으며, 성적도 크게 향상되었다. 어떻게 이런 일이 일어났을까?

교사들은 무작위로 선택한 학생들을 아주 우수한 학생이라고 생각하여 기대감을 가지고 지도하였다. 혹 학생들이 이해를 못하면 학생들에게 문제가 있는 것이 아니라 자신들의 교수법에 문제가 있다고 생각하여 더욱 열심히 가르쳤다. 학생들도 선생님이 자신들에게 관심을 보이자 공부하는 태도가 바뀌고, 공부에 한층 관심을 갖게 되었다. 결국 교사들의 기대와 관심이 학생들의 능력을 향상시킨 것이었다.

최근 '리더가 바람직한 기대를 하면 조직원은 바람직하게 행동하고, 높은 기대를 가질수록 직원들은 더 높은 실적을 성취한다'는 것은 많은 연구를 통해 증명되고 있다. 로버트 로젠탈의 실험 결과에서 볼 수 있듯이 높은 기대를 받았던 학생들의 시험 성적이 실제로 좋아지지 않았는가? 이와 마찬가지로 조직원을 대할 때 능력 있는 사람이라고 기대를 하면 높은 성과를 낸 사례는 무수히 많다. 이런 결과를 통해 당신은 동기부여의 방법을 찾아낼 수 있다. 이것은 결국 리더가 조직원들을 어떻게 바라보느냐가 관건이라고 하겠다.

심리학자 더글러스 맥그리거의 X이론과 Y이론은 리더가 조직원을 바라보는 시각에 따라 어떤 결과가 나타나는지 잘 보여준다. X이론은 조직원은 원래 일하기 싫어하고, 게으르고, 야망이 없으며, 감독이나 관리받기를 좋아하고, 책임질 줄 모르고, 안전을 추구하며, 창의적이지 않고, 강제로 일을 시키거나 돈을 줘야 동기부여가 된다고 생각하는 이론이다. X이론으로 조직원을 바라보는 리더는 통제형 리더가 된다. 통제형 리더의 조직원 관리방식은 대개 다음과 같다.

- 조직원에게 묻지도 않고 혼자 의사결정을 한다.
- 자기 생각과 관점이 옳다고 생각한다.
- 조직원을 통제하고, 간섭하려고 한다.
- 목표 지향적이며, 조직원에게 과한 요구를 한다.
- 목표를 달성하기 위해 조직원을 압박한다.
- 성과를 내지 못하는 조직원은 징벌한다.
- 다른 사람의 의견이나 충고, 제안을 원하지 않는다.
- 조직의 목표를 달성하기 위해 강제, 명령, 위협, 처벌방법을 생각한다.

X이론에 반대되는 이론으로 Y이론이 있다. Y이론은 조직원은 일하

는 것을 즐기고, 일하는 것이 노는 것만큼 자연스러우며, 돈보다 다른 사람의 인정과 자기 성취가 중요하고, 기회가 주어지면 창의력과 재능을 발휘할 뿐 아니라 맡은 일에 헌신적이라서 책임감을 갖고 자발적으로 일하려 하기 때문에 스스로 동기부여를 한다는 것이다. Y이론으로 조직원을 바라보는 리더는 자연히 민주적인 권한 위임형 리더가 된다. 민주적인 권한 위임형 리더는 다음과 같이 조직원을 이끈다.

- 의사결정을 위해 조직원에게 물어보고, 합의하여 결정한다.
- 조직원이 주인의식을 느끼게 한다.
- 조직원이 창의성과 진취성을 발휘하도록 격려한다.
- 조직원이 일을 효과적으로 성취하도록 돕는다.
- 조직원을 뒤에서 미는 것이 아니라 앞에서 이끈다.
- 조직원의 성장을 바라며, 권한을 위임한다.
- 조직원 간에 협동하고, 단결하도록 유도한다.

맥그리거의 X, Y이론의 배경에는 '메이요의 호손실험'이 있다. '인간관계론'을 최초로 연구한 메이요는 1927~1932년까지 전화기 조립공장인 호손공장에서 종업원들을 대상으로 실험을 실시했다. 메이요는 4차례에 걸친 실험에서 생산성 향상은 조명, 휴식, 임금과 같은 외부 환경에 있는 것이 아니라 조직원들의 심리에 있다는 것을 알아냈다. 즉 생산성은 상사와 동료 간의 관계, 조직의 분위기, 비공식 집단 같은 인간관계에 달려 있다는 것을 발견한 것이다. 이는 70~80년 전의 실험이지만 여전히 유효하다.

하버드 대학교의 교수를 지낸 스털링 리빙스턴은 그의 저서《동기부여의 기술》에서 메트로폴리탄 생명보험의 록웨이 지역을 총괄하고 있는 알프레드 오버랜더가 1961년 실시한 실험을 통해 기대의 동기부여 효과를 잘 보여주고 있다.

오버랜더는 실적이 좋은 대리점들은 보통 또는 그 이하 대리점들보다 더 빠른 속도로 성장을 하며, 신입 설계사들은 영업 적성 점수와는 상관없이 실적이 좋은 대리점에서 근무할 때 더 좋은 성과를 낸다는 사실을 발견했다. 그래서 실적이 우수한 설계사들을 함께 묶어 서로를 자극하고, 새로운 설계사들을 훈련시키기 위한 진취적인 환경을 조성하는 실험을 했다. 그는 우선 실적이 좋은 설계사들을 6명씩 한 팀으로 묶고, 각 팀에 우수한 관리자를 1명씩 배치했다. 마찬가지로 실적이 중간인 설계사들도 6명씩 한 팀으로 묶고, 평균 성적 관리자를 배치했다. 마지막으로 실적이 낮은 설계사들을 6명씩 묶고, 역량이 다소 부족한 관리자들을 배치했다. 한편 상위 그룹에는 전년도 대리점 매출의 3분의 2에 해당하는 목표를 부여했다. 오버랜더는 이 실험 결과에 대해 이렇게 말하고 있다.

"팀 구성이 마무리되자 설계사들은 목표를 함께 달성한다는 차원에서 각 팀들을 '슈퍼 스태프(Superstaff)'라고 불렀다. 12주 동안의 성과만 보더라도 이미 예상치를 훨씬 앞질렀다는 사실을 알 수 있다. 물론 실적이 좋지 않은 팀의 실적은 떨어졌지만, 상위 설계사 팀들은 기존 실적을 훨씬 초과하였으며, 더욱 강력한 동기를 느끼고 있다는 사실을 보여주고 있다."

이러한 조직변화로 유능한 관리자들이 담당한 팀들의 실적은 크게 올랐다. 하지만 하위그룹에 속한 관리자들, 즉 50만 달러 실적을 달성할 가능성이 없는 설계사들을 담당했던 관리자들의 실적은 더욱 악화되었으며, 그들 사이에서는 이직률이 크게 높아졌다. 우수한 설계사들의 실적은 더욱 높아져 담당 관리자들의 기대를 충족시켰지만, 예상했던 대로 실적이 나쁜 설계사들의 매출은 크게 악화되었던 것이다.

여기서 놀라운 일은 중간 실적팀에서 일어났다. 실적이 중간 정도인 설계사들을 담당한 관리자들은 평균적인 실적을 보여줄 것으로 예상했는데, 그들의 성과는 오히려 크게 성장한 것으로 드러났다. 그 이유는 중간 실적의 관리자들이 자기 자신과 자신이 맡은 팀의 역량이 상위 그룹에 비해 낮다는 사실을 받아들이지 않는 데 있었다.

중간 실적팀을 맡은 관리자들은 설계사들에게 그들이 우수한 설계사들보다 더 큰 발전 가능성을 갖고 있으며, 영업에 대한 경험만 쌓으면 얼마든지 승리할 수 있다고 확신을 불어넣었던 것이다. 이 팀을 맡은 관리자들은 설계사들에게 얼마든지 우수한 팀들의 실적을 뛰어넘을 수 있다고 강조했다.

그 결과 절대적 실적에는 못 미쳤지만, 성장세는 우수한 팀보다 더 높은 것으로 나타났다. 중간 실적팀을 담당했던 관리자들은 조직에서 그저 그런 관리자로 대우받고 있다는 것을 인정하지 않았다. 중간 실적팀을 맡은 관리자들은 자신의 역량에 대한 자신감을 설계사들에게 강조하였으며, 이에 대한 공감대를 이끌어내 무한한 성장 가능성을 인식시켰던 것이다.

이 사례는 영업조직에서 리더의 기대가 조직원들의 실적에 큰 영향을 미친다는 것을 증명한다. 이렇듯 리더가 어떻게 동기부여를 하느냐에 따라 조직의 성과가 달라진다.

2. 관심의 법칙

관심을 갖는 것도 기대를 거는 것만큼이나 강력한 동기부여 효과가 있다. 당신이 알고 있는 유명한 밥 실험이 있지 않은가. (가), (나), (다)를 표시한 그릇 3개를 준비하여 각각의 그릇에 밥을 넣고, 아침마다 (가)그릇에는 좋은 말을 하고, (나)그릇에는 욕을 하고, (다)그릇에는 아예 관심을 주지 않았다. 그랬더니 (다)그릇에 있는 밥이 가장 먼저 부패했다는 실험은 관심이 얼마나 중요한지 잘 보여준다. 생명이 없을 것 같은 밥도 그런데 하물며 사람은 어떻겠는가. 다음의 중국 고사는 사람의 관심이 어떻게 동기부여를 하는지 잘 나타내고 있다.

위(魏)나라의 장군인 오기가 중산국을 공격할 때 하급 병사가 크게 다쳐 상처가 짓무르고 고름이 나왔다. 장군 오기는 상처 난 부분의 고름을 입으로 빨아서 치료했다. 이 지극한 치료에 대한 소문이 곧 병사의 어머니 귀에 들어갔다. 그러나 정작 그 어머니는 기뻐하는 것이 아니라 오히려 통곡을 했다. 이를 지켜본 사람이 이상하게 생각하며 병사의 어머니에게 질문했다. "장군이 아들을 그렇게 아끼니 참으로 영광스러운 일 아닙니까? 그런데 왜 그렇게 웁니까?" 이 말을 듣고 병사의 어머니는 이렇게 말했다.

"그렇지 않소. 예전에 오기 장군이 내 남편의 고름을 빨아주었더니, 그는 장군을 위해 전쟁터에서 싸우다가 죽었소. 이번에도 그가 내 아들의 고름을 빨아주었으니 아들의 시체를 어디 가서 찾아야 할지 모르겠소."

장군이 병사에게 지극한 사랑을 보여주었더니 그 은혜에 보답하기 위해 병사는 자기 목숨을 바쳤다는 이야기다. 장군의 관심이 동기부여를 제공하니 병사는 목숨으로 답을 한 것이다. 리더가 조직원에게 관심을 갖고 그들을 아낀다는 것이 얼마나 중요한지 잘 보여주는 고사라 하겠다. 구본형 씨가 쓴《사람에게서 구하라》에도 이와 같은 사례가 나온다.

섭정(攝政)이라는 사람이 있었는데 어쩌다가 사람을 죽였다. 그 일로 어머니와 누이를 데리고 다른 나라로 도망가 백정 일을 하며 숨어 살게 되었다. 그 후 오랜 세월이 흘렀다. 그는 그저 백정으로서 늙은 어머니를 봉양하며 살아가고 있었다.

엄중자(嚴仲子)라는 사람이 있었다. 그는 한(韓)나라의 대신이었는데, 재상이었던 사람과 원수를 지게 되었다. 재상이 자기를 죽일 것을 염려한 그는 여러 나라를 떠돌면서 재상에게 원수를 갚아줄 사람을 찾았다. 그러던 중 섭정이 의기가 높다는 말을 듣고는 찾아가 사귀기를 청했다.

서로 친해지자 엄중자는 섭정에게 황금 2,000냥을 주며 어머니를 잘 봉양하라고 말했다. 섭정은 극구 거절했다. 비록 백정이지만 맛있는 음식으로 어머니를 봉양할 수 있으니 그 돈을 받을 수 없다는 것이었다. 그러자 엄중자가 조용히 말했다.

"나에게 원수가 한 사람 있네. 그 원수를 갚아줄 사람을 찾다가 자네를 알게 되었다네. 자네는 의기가 높은 사람이네. 나는 그저 이 돈으로 자네에게 더욱 친하게 지내자는 뜻을 전한 것뿐이네."

그러자 섭정이 말했다.

"시장바닥에서 백정 노릇을 하는 이유는 어머니를 봉양하기 위함입니다. 어머니께서 살아 계신 동안 내 몸을 다른 사람에게 바칠 수는 없습니다."

엄중자가 아무리 권해도 섭정은 그 돈을 받지 않았다. 그러나 엄중자는 그에게 공손한 태도를 버리지 않았다. 그리고 세월이 흐른 후 섭정이 엄중자를 찾아와 말했다.

"나는 천한 백정입니다. 당신은 한나라의 대신입니다. 그런데 천릿길을 마다하지 않고 나를 찾아와주었지요. 어머니의 장수를 축원해주셨고, 큰돈도 선뜻 내주셨습니다. 당신이 준 돈을 비록 받지는 않았지만, 당신은 나를 알아주고 가까이 대해주셨습니다. 그때는 어머니가 계셔서 부탁을 들어줄 수 없었지만, 이제 어머니가 돌아가셨으니 나를 알아주는 사람을 위해 일할 수 있게 되었습니다. 그 원수가 누구입니까?"

엄중자에게 원수의 이름을 들은 섭정은 재상을 찔러 죽이고 스스로 자신의 얼굴 가죽을 벗긴 후 자결하고 말았다. 섭정의 시체를 시장바닥에 누이고 행인들에게 물었지만 알아보는 사람이 없었다. 그러자 재상을 죽인 살인범이 어디 사는 누구인지 알려주는 사람에게 상금을 걸었다. 이 소문을 들은 섭정의 누이 섭영(聶榮)은 시장에 가서 동생의 시체를 안고 통곡하였다. 사람들이 섭영에게 그 까닭을 물었다.

"이 사내는 내 동생 섭정입니다. 곤궁하고 천한 내 동생이 엄중자와 사귀게 되었습니다. 그때는 어머니가 살아 계시고 내가 시집을 가지 않았기 때문에 엄중자의 원수를 갚을 수 없었습니다. 그러나 어머니가 돌아가시고 내가 시집을 가자 그는 자신을 알아주는 사람을 위해 원수를 갚고 죽었습니다. 그가 얼굴 가죽을 벗긴 이유는 이 일에 내가 연루되는 것을 바라지 않아서입니다. 그러나 내게 닥칠 죽음이 두려워 동생의 장한 이름을 사라지게 할 수는 없습니다."
그러고 나서 섭영은 슬피 울다가 동생 옆에 쓰러져 죽고 말았다.

비록 섭정처럼 천한 백정일지라도 인간은 누구나 존중받고 싶은 욕구가 있다. 매슬로우는 이것을 '자기 존중 욕구'라고 했다. 엄중자는 섭정의 자기 존중 욕구를 충족시켜 목숨을 내놓게끔 동기부여를 한 것이다. 이처럼 리더라면 관심을 통해 조직원의 자기 존중 욕구를 충족시켜야 한다. 그렇다면 관심이 있다는 것을 조직원에게 보여주려면 어떻게 해야 할까?

- 조직원이 더 열심히 일하도록 격려한다.
- 조직원이 즐겁게 일하도록 분위기를 조성한다.
- 조직원이 무엇을 잘하고 못하는지 파악한다.
- 직원들이 무엇을 좋아하고 싫어하는지 질문한다.
- 조직원 위에 군림하지 않으며 함께 어울린다.
- 조직원을 공평하게 대한다.
- 조직원들의 건의사항이나 제안을 무시하지 않는다.
- 조직원들과 함께 비전을 나누고 공유한다.

높은 기대와 관심을 보여주면 조직원들은 그에 부응하기 위해 노력한다. 그러니 기대와 관심의 법칙을 당신의 조직에 적용해보라. 수많은 학자들이 증명을 했듯이 당신도 그 효과를 증명할 수 있을 것이다.

🍂 **오늘 당장 해야 할 일**

1. 그동안 독단적으로 결정한 일이 있었는지 뒤돌아보자.

2. 조직원이 즐겁게 일하도록 만들려면 무엇을 해야 하는지 생각해보자.

3. 무관심했던 직원에게 관심을 가지고 질문을 해보자.

🍂 **지속적으로 해야 할 일**

1. 조직원에게 기대와 관심을 갖도록 노력하자.

2. 조직원들과 비전을 공유하고, 실현할 방법을 토의해보자.

3. 항상 조직원이 성장하기를 바라며 교육을 강화하자.

동기부여의 법칙 2: 보상과 인정의 법칙

1. 보상의 법칙

2010년 4월 27일, 유니베라의 팀장급 이상 리더들이 서울 올림픽공원의 올림픽홀로 모여들었다. 전국 유피유니베라는 판매사원을 유피라 부른다 2만여 명 가운데 4천 명 정도가 모였다. 전라도나 경상도처럼 먼 곳에서 활동하는 유피들은 관광버스를 빌려 새벽부터 올라왔다. 유니베라는 1년에 한 번 이렇게 '리더 전진대회'를 연다. 변덕스러운 봄 날씨가 비를 뿌렸지만 이날의 열기를 식히지는 못했다.

이 행사의 클라이맥스는 시상식이다. 판매 여왕은 조선시대의 왕비처럼 선망의 대상이 된다. 최고의 성과를 낸 유피에게 최고의 대우를 해줌으로써 참석한 유피들의 가슴에 불을 지른다. 그리고 이 행사에 참석한 유피들은 뜨거운 열정을 가슴에 품고 돌아간다.

유니베라가 해마다 수억 원을 써가며 이런 행사를 치르는 이유는 무엇일까? 단결된 힘을 모으고, 이들의 수고를 보상해주기 위해서다. 식후에는 유명 연예인들이 나와 흥을 돋우며, 기쁨과 열광의 도가니로 진행된다. 리더 전진대회는 실적이 우수한 유피들을 시상함으로써 적절히 보상을 해주는 유니베라의 연례행사다.

장자莊子에는 다음과 같은 이야기가 나온다.

옛날에 도척(盜跖)이라는 도적 떼의 우두머리가 있었다. 그는 수백 명의 도둑 패거리를 몰고 다니는 춘추전국시대 최고의 도둑이었다. 하루는 그의 졸개 중 하나가 물었다.

"두목님처럼 위대한 도둑이 되려면 어떤 능력이 있어야 합니까?"

도척은 이렇게 대답했다.

"이 친구야, 어떤 조직이든 최고가 되려면 뭔가 남다른 점이 있어야 하는 거야!"

그러고 나서 도척은 위대한 도둑(大盜)이 되기 위한 조건으로 다음의 5가지를 제시했다.

첫째, 돈 있는 집을 잘 골라야 한다.

둘째, 용기가 있어야 한다.

셋째, 의리가 있어야 한다.

넷째, 정확한 판단력이 있어야 한다.

다섯째, 잘 나눠야 한다.

잘 나누는 것은 도둑의 우두머리도 하는 일이다. 이것은 조직원들을 인정하고, 수고를 보상한다는 의미다. 직장인들이 상사에게 가장 듣고 싶은 말을 조사한 결과 '수고했네, 고생한다, 아주 잘했어, 참 좋은 아이디어야, 역시 김 대리야, 자네만 믿네, 열심히 해줘서 고마워'의 순이었다고 한다. 모두 노력과 능력을 인정해주는 말들이다. 조직원들이 상사의 인정에 목말라 있다는 반증이기도 하다.

2012년 런던올림픽에서 우리나라 국가대표 선수들은 역대 최고의 성적을 거두고 금의환향했다. 올림픽에서 메달을 따면 포상금 수천만 원에다 매달 연금을 받는다. 여기에 각종 포상금을 더해 그야말로 돈방석에 앉는다. 하지만 남자 선수들에게는 병역 면제만큼 커다란 보상이 없다.

영업조직에서도 급여 외에 매달, 매주 적절한 보상책을 내세워 매출을 독려한다. 그러나 보상은 양날의 검과 같다. 금전적인 보상은 오히려 역효과를 불러올 수 있다. 다음의 실험 결과를 보면 알 수 있다. 인정과 보상이 어떻게 동기부여를 하고, 역효과를 내는지 심리학자 존 마샬 리브는《동기와 정서의 이해》에서 증명하고 있다.

부모들은 치열교정기를 착용하라고 하지만, 아이들은 불편해서 이를 꺼린다. 그래서 치열교정기를 착용할 수 있도록 다양한 방법으로 동기부여를 했다. 관찰 첫 주에는 아무런 동기부여 방법을 사용하지 않았더니 25%만 착용했다. 그 후 치열교정기를 착용할 때마다 칭찬을 했더니 착용이 36%로 늘었다. 다음 2주 동안 부모들은 치열교정기를 착용하면 월 말에 25센트씩을 주겠다고 약속했다. 이것은 치열교정기의 착용을 60%까지 증가시켰다. 그다음 2주 동안은 부모들이 치열교정기를 착용하는 것을 볼 때마다 25센트를 현장에서 지급했더니 97%까지 증가했다. 그러나 그다음 5일 동안 아무런 동기부여책을 시용하지 않자 아이들의 치열교정기 착용률은 60%까지 감소했다. 마지막으로 두 주 동안 부모들은 아이들이 치열교정기를 착용할 때마다 바로 25센트를 주자 착용률이 100%까지 올라갔다.

이처럼 돈을 주는 것과 같은 보상방법은 긍정적인 효과를 주기도 하지만, 잘못하면 역효과를 불러올 수 있다. 심리학자들의 실험 결과에 따르면, 돈이나 상, 장난감을 약속받거나 혹은 일할 때 감독을 받으면 점차 자기 결정 욕구를 상실해 동기부여가 줄어든다고 한다.

또한 과도한 보상조건은 사람들에게 보너스 자체에만 관심을 가지게 만들어 스트레스를 유발하고, 성과 저하로 이어질 수 있다는 연구 결과도 있다. 댄 애리얼리는 《경제심리학》에서 보상과 성과의 상관관계를 이렇게 설명한다.

댄 애리얼리 교수가 인도에서 실시한 실험에 따르면, 가장 높은 수준의 보너스를 제시받은 사람들이 가장 낮은 성과를 나타냈다고 한다. 이들은 창의력이나 집중력, 기억력, 문제해결력을 활용한 게임을 만들어 실험 참여자들에게 제시했다.

한 그룹의 실험 참여자들에게는 1일 임금에 해당하는 보너스를 제공하고, 또 다른 그룹의 실험 참여자들에게는 2주치 임금에 해당하는 보너스를 제공했다. 그리고 나머지 한 그룹의 실험 참여자들에게는 5개월치에 해당하는 보너스를 주었다.

과연 실험 결과는 어떻게 나왔을까? 중간 수준의 보너스를 제시받은 사람들은 낮은 수준의 보너스를 제시받은 사람들보다 더 좋은 성과를 나타냈을까? 매우 높은 수준의 보너스를 제시받은 사람들은 중간 수준의 보너스를 제시받은 사람들보다 더 좋은 성과를 나타냈을까?

실험 결과, 1일 임금을 제시받은 사람들과 2주치 임금을 제시받은 사람들의 성과가 높았으며, 그 차이는 그리 크지 않았다고 한다. 이에 대해 댄 애리얼리 교수는 비록 낮은 수준이긴 하지만, 그 금액이 실험 참여자들에게 어느 정도 의미가 있어 실험 참여자들의 동기를 극대화했다고 결론내렸다.

그렇다면 5개월치 임금을 제시받은 사람들은 어땠을까? 실험 결과 가장 낮은 수준의 성과를 보였다.

인간이 하는 일은 통상 단순노동과 정신노동으로 나눌 수 있다. 댄 애리얼리의 실험 결과, 단순노동에서는 높은 수준의 보상이 높은 성과로 이어졌다고 한다. 하지만 위의 실험처럼 인지능력을 필요로 하는 정신노동은 보상 수준이 지나치게 높으면 오히려 역효과를 보였다고 한다. 이는 인도에서 실시한 실험과 맥락을 같이 한다.

동기부여의 수단으로서 돈은 이처럼 양날의 검과 같다. 보상이 성과를 높이는 데 어느 정도 도움이 되는 것은 분명하다. 하지만 과도한 수준의 보상은 관심을 분산시키고, 집중력을 교란시켜 오히려 스트레스를 높이고, 성과를 떨어뜨리는 결과로 이어질 수 있다. 그래서 심리학자들이 여러 가지 보상실험을 통해 얻은 결론은 다음과 같다.

- 돈, 상, 음식과 같은 물질적 보상은 자발적인 동기를 감소시키지만, 칭찬과 같은 언어적 보상은 그렇지 않다.
- 물질적 보상은 학습의 과정과 질을 방해한다. 학습자는 단지 물질적 보상을 얻기 위해 동기부여가 된다.
- 자발적으로 동기화된 사람에 비해 물질적 보상에 의해 동기화된 사람은 보상을 얻을 수 있다는 생각에 쉬운 과제를 선택한다.
- 물질적 보상으로 동기화된 사람은 자발적인 사람보다 부정적인 정서상태를 보인다.
- 물질적 보상에 동기화된 사람은 수동적이다.
- 물질적 보상은 창의성을 떨어뜨린다. 보상을 위해서 그림을 그리거나 글을 쓸 때보다는 흥미로 인해 그림을 그리거나 글을 쓸 때 더 창의적일 수 있다.
- 보상에 동기화된 사람은 보상의 기준이 성취되자마자 일을 끝낸다. 보상이 없으면 호기심이 충족되거나 흥미가 없어지거나 혹은 숙달이 성취될 때까지만 지속한다.

2. 인정의 법칙

조직원들은 깊은 관심을 갖고, 긍정적인 기대를 하며, 칭찬을 아끼지 않으면 자신감을 갖게 된다. 그러면 과제를 수행할 때, 처한 환경과 조건에 능동적으로 대처해 자신의 역량을 충분히 발휘하게 된다. 반면 자신감이 없으면 자신의 능력을 의심해 과제를 제대로 수행할 수 없을 뿐만 아니라 시도 자체를 포기하게 된다.

그렇다면 리더의 인정으로 조직원들이 자신감을 가지면 어떤 현상
이 일어날까? 다음과 같은 긍정적인 현상이 일어난다.

- 자신감이 높으면 활동에 적극적으로 참여한다. 노래를 잘한다고
  생각하면 노래방에서 열성적으로 참여하고, 노래를 잘 못부른다
  고 생각하면 마지못해 참여한다. 이는 맡은 일을 할 때도 마찬가
  지다.
- 자신감은 어려움을 만났을 때 극복을 위한 혹은 새로운 방법을 찾
  기 위한 에너지가 된다. 자신감이 없으면 노력을 하지 않거나 아
  예 포기하거나 맡은 과제를 적당한 수준에서 마무리하게 된다.
- 자신감이 넘치는 사람은 과제를 수행할 때 스트레스를 받더라도
  집중력을 잃지 않는다. 또한 스트레스와 문제해결에 어려움을
  겪더라도 장애물이나 문제에 초점을 두지 않고 과제나 문제해결
  에 초점을 두게 된다.
- 자신감을 가진 사람은 과제의 해결방안을 머릿속으로 상상하며,
  집중한다. 또한 열정적으로 노력하며, 흥미를 잃지 않는다. 그러
  나 자신감이 없으면 개인적 약점에만 골몰하느라 맞닥뜨리는 불
  가피한 장애를 지레 두려워한다.
- 자신감을 가지면 일이 시작된 후 하는 일이 꼬이더라도 불안감에
  휩싸이지 않는다. 그러나 자신감이 없으면 어려움에 처할 때 금
  세 위협을 받고 장애물에 당혹스러워한다.

많은 영업조직에서 인정과 보상 시스템을 활용하고 있다. 어느 조직은 판매와 관리 수당을 보상이라는 말로 대체해 부르기도 한다. 하지만 조직원에게 진정으로 동기부여를 하는 것은 이런 제도가 아니라 리더의 말과 행동이다. 리더가 말과 행동으로 신뢰를 잃거나 조직원의 사기를 꺾는다면, 아무리 좋은 보상 시스템이 갖춰져 있다 해도 동기부여를 할 수 없다. 이것이 인정과 보상의 법칙이 의미하는 핵심이다.

🖌 **오늘 당장 해야 할 일**

1. 모든 조직원을 한 번씩 칭찬한다.

2. 지금 실시하고 있는 보상 시스템을 다시 한 번 점검한다.

3. 동기부여를 위한 새로운 보상 시스템에는 어떤 것이 있는지 알아본다.

🖌 **지속적으로 해야 할 일**

1. 조직원들에게 동기부여를 할 수 있는 장기적인 보상 시스템을 마련하자.

2. 조직원들의 자신감을 높일 수 있는 다양한 방법을 연구하자.

05

동기부여의 법칙 3:
자기 결정과 권한 위임의 법칙

1. 자기 결정의 법칙

하버드 대학교의 심리학자 엘렌 랭거와 주디스 로딘은 자기 결정이 삶에 어떤 영향을 끼치는지 양로원 노인들을 대상으로 실험을 했다.

이 연구에서 노인들을 (가)와 (나) 두 집단으로 나눠 (가)집단은 가구를 어떻게 배치할지, 언제 누가 방문하는지, 화분을 기를지 말지 등과 같이 아주 사소한 것들을 스스로 결정할 수 있도록 했다. 반대로 (나)집단은 양로원의 규칙을 알려주며, 이러한 행위들을 통제했다.

이 실험이 무슨 의미가 있는지 의아할 것이다. 이것은 사소한 것이라도 자기가 결정할 수 있다는 게 삶에 어떤 영향을 끼치는지 잘 보여준다. 일상생활에서 사소한 것들을 스스로 결정할 수 있도록 했던 (가)집단의 노인들이 더 활동적이며 더 많은 행복감을 느꼈다고 한다.

실험을 하고 나서 3주 후 1차 조사를 해보니 사소한 것까지 통제를 받았던 (나)집단의 노인들은 73%가 전보다 쇠약해진 반면, 스스로 결정할 수 있었던 (가)집단의 노인들은 93%가 전보다 정신적·신체적으로 건강해졌다. 18개월 후의 2차 조사에서도 이와 비슷한 결과가 나왔는데, (가)집단의 노인들이 건강상태가 훨씬 양호하였으며, 사망률도 낮았다.

양로원 노인들을 대상으로 한 비슷한 연구 결과가 한 가지 더 있다. 이번에는 양로원에 있는 노인들을 세 집단을 나누어 (가)집단은 그들의 방에 화분을 놓아주고 6개월 동안 마음대로 화분을 돌보도록 하였고, (나)집단은 같은 기간 동안 직원들이 직접 화분을 관리하였다. 마지막 (다)집단은 자신의 뜻대로 3개월 동안 화분을 가꾸게 한 뒤, 나머지 3개월은 직원들이 화분을 가꾸도록 하였다.

그리고 6개월 후, 요양원을 방문한 의사들과 심리학자들은 세 집단의 사망률 차이를 살펴보았다. 어떻게 예상되는가? 당연히 스스로 화분을 관리할 수 있었던 (가)집단이 더 행복감을 느끼고 건강할 것이라고 생각할 것이다. 맞다. 그런데 조사를 했던 의사들과 심리학자들은 실험 결과를 보고 깜짝 놀랐다. (가)집단보다 (나)집단의 사망률이 두 배나 높게 나타났기 때문이다.

또한 처음에는 자기 결정권이 있었지만 3개월 뒤 그것을 빼앗긴 (다)집단은 사망률이 (가)집단보다 무려 3배나 높게 나타났다. 정말 깜짝 놀랄 만한 결과가 아닌가? 이처럼 자기 결정 욕구가 인간의 수명에까지 영향을 미친다면 정말 대단하지 않은가?

이와 같이 인간은 하고 싶은 것을 스스로 결정할 때 더 행복을 느낀다. 어쩔 수 없이 일하는 것과는 비교가 안 된다. 이 실험 결과는 조직원들 스스로 무언가를 선택하고 행동하게 한다면 동기부여가 되고 더 큰 행복감과 만족감을 준다는 것을 증명한다.

인간은 누구나 자기 결정 욕구가 있다. 자기 결정 욕구란 선택할 수 있는 자율성을 의미한다. 자율성이 많은 조직은 조직 스스로 목표를 설정하고, 성취하는 방법을 선택하며, 자신의 방식으로 문제를 해결하고, 자신의 일정대로 계획을 수행한다.

그래서 자기 결정의 법칙이 작동하면 굳이 조직원들에게 동기부여를 할 필요가 없다. 조직원들 스스로 자율성을 가지고 동기부여를 하기 때문이다. 이렇게 조직원에게 자율성에 따른 책임과 권한이 적절하게 주어지면 조직과 리더는 두 가지 이득을 얻을 수 있다.

첫 번째로 조직의 성과를 높일 수 있다. 자신의 능력을 인정받았다고 느끼는 조직원일수록 더 큰 자신감을 가지게 되고, 자신감이 높은 조직원이 더 좋은 성과를 낼 수 있기 때문이다. 당신은 이것을 기대와 관심의 법칙에서 이미 살펴보았다.

두 번째로 조직원이 주인의식을 갖고 책임을 다한다. 어느 조직이든 책임과 권한이 없는 사람들이 불평을 늘어놓는다. 이들은 단지 먹고살기 위해 하루하루를 시간을 보낼 뿐 맡겨진 일 외에는 창의성을 발휘하지 않는다. 당연히 좋은 성과를 낼 수 없다.

이러한 자기 결정의 법칙에 대한 사례는 영업 현장에서도 찾아볼 수 있다. 경험이 많은 영업인들의 말에 의하면, 고객들은 압박이나 강요보다 스스로 판단하고 선택하여 구매할 때 더 큰 만족감을 느낀다고 한다. 뿐만 아니라 자기 결정으로 구매한 고객들은 재구매률도 높고, 다른 고객들도 더 많이 소개해준다고 한다.

그래서 경험 많은 영업인들은 자기 결정의 법칙을 유용하게 사용한다. 그들은 고객들에게 자기 스스로 선택하고 결정했다는 느낌을 주기 위해 다양한 화법을 구사한다. 그중 하나가 바로 질문이다. 이를 통해 고객들은 영업인과 제품에 더 큰 신뢰감을 갖게 된다.

다음은 성과가 높은 영업인들이 고객과 주로 나누는 대화의 모형이다. 그들은 이런 대화를 통해 고객 스스로 제품을 선택하도록 유도한다.

영업인: 안녕하십니까, 사장님? 사무실 들어오다 보니까 직원들이 아주 친절하던데요. 교육을 철저히 시키시나봐요.

고　객: 교육은 뭘……. 자기들이 알아서 하는 거지. 다만 누가 오든지 방문한 사람이 돌아갈 때 기분 나쁘거나 마음 상하는 일이 없도록 하자고 강조하기는 했지. 그랬더니 김 부장이 직원들과 의논해서 몇 가지 실천사항을 정한 것 같더라고.

영업인: 그래서 그런지 직원들이 활기차고 친절합니다. 웃으면서 인사를 하니 제 기분도 좋아지네요. 이게 다 사장님의 탁월한 리더십 덕분 아니겠습니까?

고　객: 그런가요?

영업인: 사장님, 지난번에 건강검진 받으셨다던데 결과는 나왔나요? 궁금해서 조회가 끝나자마자 바로 달려왔네요.

고　객: 콜레스테롤 수치가 조금 높게 나왔고, 혈압이 높은 걸로 나왔더라고. 의사가 이것저것 조심하라던데, 워낙 접대가 많아서 말이야. 건강관리가 생각보다 쉽지가 않네. 조심은 해야겠지. 건강기능식품 중에 나에게 맞는 것이 있나?

영업인: 사장님, 콜레스테롤 수치와 혈압이 높으면 나중에 큰일이 생길 수도 있잖아요. 혹시 숨이 차거나 가슴이 답답한 적 있나요?

고　객: 가끔 가슴이 답답하기는 해. 나이 들면 다 그렇지 뭐.

영업인: 사장님, 콜레스테롤 수치를 떨어뜨려주고 혈압을 내릴 수 있는 건강기능식품이 있는데, 사장님의 건강문제를 해결할 수 있다면 구매하실 생각은 있으십니까?

고　객: 물론이지. 그런 것이 있다면 당연히 사야지.

이 대화에서 영업인은 질문으로 고객의 문제를 알아내고, 고객 스스로 자신의 건강문제를 해결하기 위한 방법을 찾도록 유도하고 있다. 고객은 강요에 의한 구매보다는 자신이 선택하고 결정했다고 느꼈을 때 더 큰 만족감을 가지기 때문이다.

세계적인 화장품 회사 메리케이사의 창업자인 메리 케이 애시는 자신이 쓴 《핑크 리더십》에서 자기 결정의 욕구를 활용한 사례를 통해 자신의 철학을 밝히고 있다.

메리케이사의 마케팅 부서 책임자들은 내셔널 세일즈 디렉터(지역 영업팀장)

들의 모든 제안을 수용하고 이해하려고 노력한다. 특정한 문제점의 해법을 찾기 위해 브레인스토밍이 하루 종일 계속되고, 그 회의에서 쏟아져 나온 아이디어는 12쪽짜리 보고서로 요약된다.

그런 다음 다른 내셔널 세일즈 디렉터들이 선정한 10명의 대표자들이 본사에서 열리는 회의에 참석한다. 메리케이 본사의 임원들은 규모가 큰 그룹보다는 이렇게 소규모로 구성된 자문위원회와 의논하는 것이 적절하다고 생각한다. 회사 임원들은 자문위원들과 함께 한 자리에서 "문제점들에 대한 우리의 생각은 이렇습니다. 여러분은 어떻게 생각하시는지 알고 싶습니다"라고 자문위원들의 생각을 묻는다. 그러면 그들은 해결책을 내놓기 위해 회사가 얼마나 많은 노력을 기울였는지 알게 되고, 자신들의 동의가 있어야만 어떤 변경사항이든 고려될 수 있다는 사실 또한 깨닫게 된다.

이 과정은 메리케이사 경영철학의 가장 기본적인 개념, 즉 '사람들은 자신이 참여해서 만든 일을 지지하는 법'이라는 생각을 명확하게 드러낸다. 아무리 사려 깊고 합리적인 생각을 전달해도 부하 직원에게는 그것이 명령에 지나지 않을 뿐이다. 하지만 일의 시작 단계부터 그들에게 도움을 요청하면, 든든한 지원군을 얻게 된다. 도움을 요청받은 사람은 일의 성공에 대해 공동의 책임감을 갖기 때문이다.

메리케이사의 자문위원회는 회사가 제안한 해결책에 긍정적으로 반응하면서 많은 피드백을 제공하고 있다. 회사가 제안한 아이디어가 물론 전부 다 마음에 드는 것은 아닐 것이다. 메리케이사와 회사 임원들은 자문위원회와의 회의 테이블에서 돌아와 몇 시간에 걸쳐 아이디어를 수정한다.

그러고 나서 다시 한 번 자문위원회에 아이디어를 제시하고, 몇 차례 수정 작업을 거친 뒤 마침내 모두가 동의하는 정책안을 수립한다. 내셔널 세일즈 디렉터들의 지원을 얻고 나면, 다음 단계는 현장에서 활동하는 세일즈 디렉터들의 지원을 얻는 다.

메리케이사는 매년 도시를 돌며 리더십 컨퍼런스를 개최하는데, 차기 컨퍼런스까지의 일정이 모두 잡혀 있다. '사람이란 본디 변화에 저항한다'라는 사실을 잘 알고 있기 때문에 세일즈 디렉터들에게 새로운 아이디어를 설명할 프레젠테이션을 마련하고, 내셔널 세일즈 디렉터들의 승인을 받기 위해 철저하게 준비한다.

2. 권한 위임의 법칙

필자는 10여 년간 방문판매조직을 관리했다. 방판조직을 관리하는 사람은 크게 두 가지 유형으로 나눌 수 있다. '나 혼자 다 하는' 유형과 '직원들과 나눠 일하는' 유형이다. 조직관리란 근본적으로 사람을 키우는 일이다. 특히 영업조직의 책임자는 영업사원들을 교육시켜 고객들을 만나 상담하도록 만들어야 한다.

그런데 구두닦이 조직처럼 운영하는 곳도 있다. 구두딱이 조직은 찍새들이 구두를 찍어오면 닦새들이 구두를 닦는다. 이처럼 영업사원들이 고객을 찍어오면 대리점 사장이 상담을 해서 제품을 판매한다. 영업사원들이 고객을 데리고 오는 찍새 노릇만 하는 것이다. 이런 조직은 단기적으로는 상담효과를 높여 판매량을 늘릴 수 있겠지만,

길게 보면 발전 가능성이 없다.

　대리점 사장이 과연 하루에 몇 명이나 상담할 수 있겠는가? 대리점 사장이 없으면 그 조직은 어떻게 되겠는가? 대리점 사장이 가지고 있는 상담기술을 가르쳐 많은 직원들이 상담을 한다면 얼마나 큰 효과를 얻겠는가? 영업사원 혼자 상담을 해 계약에 성공한다면 얼마나 동기부여가 되고 자신감을 얻겠는가?

　권한 위임은 이처럼 조직의 발전은 물론 조직원의 동기부여 차원에서도 매우 중요하다. 《동기부여의 기술》이란 책에는 리츠칼튼 호텔의 사례를 들어서 권한 위임이 어떻게 성과를 내는지 소개하고 있다.

리츠칼튼의 직원들은 고객이 불편하다고 호소하면 바로 그 문제를 해결하기 위해 최고 2,000달러를 쓸 수 있다. 윗사람에게 따로 보고를 하거나 결재를 받지 않아도 된다. 스스로 판단하고 결정하여 그 즉시 현장에서 권한을 행사할 수 있다. 관리자를 호출할 필요도 없고, 부관리자가 올 때까지 기다릴 필요도 없다. 그들은 스스로 상황을 처리함으로써 고객들을 더 잘 모시고 있다.
이것은 리츠칼튼 호텔의 경쟁력을 높여주었다. 그리고 각각의 직원들이 호텔과 고객들을 위해 최선의 노력을 다하도록 동기유발을 시켰다. 이것이 바로 권한 위임의 위력이다. 리츠칼튼은 문제해결을 위해 2,000달러를 지출할 권한을 부여할 정도로 직원들을 신뢰했다. 이러한 리츠칼튼의 관리모델은 직원들에게 권한을 위임했다는 점뿐 아니라 직원들의 자기 책임성을 활용했다는 점에서 매우 모범적인 사례다.

어느 조직이든 최고의 위치에 있는 리더는 현장을 제대로 파악하지 못할 가능성이 높다. 현장을 가장 잘 아는 사람은 현장의 실무자다. 따라서 현장의 일을 상사가 시시콜콜 지시하고 간섭하는 것보다는 현장의 실무자에게 위임했을 때 더 나은 성과로 이어질 수 있다. 팀 하포드는 《어댑트》에서 걸프전 당시 일선 지휘관의 활동을 통해 실무자가 얼마나 중요한지 강조한다.

9대의 전차로 구성된 미군의 기갑수색연대인 독수리중대가 모래바람을 가르며 사막을 지나다가 대규모의 이라크 기갑부대와 마주쳤다.

"우리는 비교적 평탄하고 별다른 지형지물이 없는 사막을 지나는 중이었다. 나는 탱크가 약간 경사진 지형을 올라가고 있다는 사실을 미처 깨닫지 못했다." 독수리중대 대위는 그 당시를 회상했다.

"언덕 정상을 찍고 반대편으로 내려갈 때쯤 적진이 한눈에 들어왔다." 미군은 모래바람 때문에 숨도 제대로 못 쉬는데 수적으로 우세한 사담 후세인의 공화국 수비대 장갑차의 고정포대 안에 들어가 있는 광경을 느닷없이 목격한 것이다. 양측 모두 깜짝 놀랐다. 독수리중대 대위는 그 자리에서 결정을 내려야만 했다. 상관들과 상황을 논의할 겨를 따위는 없었다.

그는 재빨리 공격해서 상대의 허를 찌르는 편이 후퇴하는 것보다 덜 위험하다고 순간적으로 판단했다. 그는 포병에게 대전차포를 쏘라고 큰 소리로 명령했다. 이라크 탱크 1대가 파괴되었다. 3초마다 재장전과 발포를 반복하면서 그의 탱크는 몇 초 만에 적군 탱크 2대를 더 파괴했다.

그제서야 독수리중대의 나머지 탱크들도 언덕 정상에 올라와 발포를 시작했다. 대위의 재빠른 판단, 훈련이 잘된 병사들, 우수한 무기 덕분에 9대의 미군 탱크는 부상자 1명 없이 90대에 가까운 이라크 탱크를 초토화시켰다.

이 사례는 아무리 전투 경험이 많고 정보력을 갖춘 지휘본부라 해도 전투 현장을 파악하는 데 한계가 있음을 단적으로 보여준다. 이것이 위임으로 얻을 수 있는 효과다. 레너드 L. 베리와 켄트 D. 셀트먼이 쓴 《메이요 클리닉 이야기》에도 권한 위임에 대해 잘 보여주는 사례가 나온다.

메이요 클리닉은 환자 우선이라는 가치를 위해 직원들이 특별한 상황에서 어떻게 행동할지 스스로 결정할 수 있는 힘과 도덕적 권한을 부여한다. 도움이 필요한 환자를 보면 직원은 따로 허가를 받을 필요 없이 바로 행동에 나설 수 있다. 직원이 제시간에 맞춰 일자리로 돌아갈지, 10분쯤 늦더라도 불안정해 보이는 환자에게 휠체어를 가져다줄지 결정해야 할 상황이라면 후자를 선택할 가능성이 크다.

직원들이 자신의 가치관에 따라서 재량껏 권한을 발휘하면서 환자들은 기대하지도 못했던 서비스를 제공받게 되었다. 메이요 클리닉 애리조나 캠퍼스 전직 인사관리부장이었던 매튜 맥클라스는 이런 이야기를 들려준다.

나는 메이요 클리닉 종합병원 중환자실에 환자로 들어오게 되었다. 그때 메이요 클리닉 애리조나 캠퍼스 최고경영책임자(CEO)인 트라스텍 박사와 그의 아내는 로체스터로 여행을 떠나 있었다. 그러다 애리조나로 돌아오는 길에 내가 입원한 사실을 알게 되자 그들은 나를 보러 종합병원으로 찾아왔다.

그런데 내가 놀란 것은 그들이 애써 나를 찾아와서가 아니었다. 물론 그들이 나를 보러 와준 것에는 깊이 감동받았다. 하지만 진짜 놀란 사실은 간호사가 나를 그냥 자게 놔두고 트라스텍 박사를 문 앞에서 되돌려 보냈다는 것이었다. 그날 늦게 눈을 떴을 때 간호사가 내게 말을 했다.

"찾아온 분이 계셨지만 제가 돌려보냈어요. 이 일로 마음이 상하지 않으셨으면 하는데, 한 가지 좀 걸리는 것이 있어서요."

"뭔데요?"

"찾아오신 분이 트라스텍 박사님과 아내 분이셨거든요. 저는 선생님께서 주무시는 중이라고 말씀드렸어요. 저는 정말 그냥 주무시게 놔두고 싶었거든요."

"아, 정말 고마워요. 옳은 일을 하셨네요. 그분들한테는 제가 나중에 따로 연락할게요."

"괜찮다는 말씀이신가요?"

"그럼요."

나는 속으로 생각했다.

'이 간호사는 환자에게 무엇이 최선일까라는 질문을 스스로에게 던졌고, 행동으로 그 답을 보여주었어.'

그 간호사는 나에게 가장 필요한 것이 잠이라는 것을 알았다. 비록 그것이 최고경영책임자를 문 앞에서 되돌려 보내는 것을 의미할지라도 말이다.

잭 웰치는 '피상적 일체감'이라는 개념에 대해 말을 했다. 조직원들이 겉으로는 단결하고 일치하는 것 같지만, 속으로는 부정하는, 즉 겉과 속이 다르다는 것을 의미한다.

회의 때는 리더의 말에 찬성하는 척하다가도 회의실 밖에서는 이해할 수 없다며 부당함을 이야기한다면 조직이 제대로 돌아갈 리 없다. 이런 현상을 없애려면 목표를 세우고 전략을 짤 때 모든 구성원이 함께 해야 한다. 그래야 창의적인 계획을 세울 수 있고, 실행할 때 불평불만 없이 조직의 힘을 발휘할 수 있다. 자기 결정 욕구를 적절하게 충족시키면 실행하는 조직원에게도 동기부여가 되기 때문이다.

지금까지 동기부여의 법칙 3가지를 소개했다. 하지만 이런 이론들을 당신의 조직에 적용하려면 좀 더 창의적인 연구와 개발이 필요하다. 당신 조직에 딱 맞아떨어지는 꿈같은 이론은 없기 때문이다. 조직문화를 만들어가고, 적절히 보상하고, 권한과 책임을 위임하는 범위 등은 당신의 유연한 생각에서 비롯된다.

오늘 당장 해야 할 일

1. 내가 하는 일이 지나치게 많지는 않은지 생각해보자.

2. 내가 하는 일 가운데 위임할 만한 것이 있는지 생각해보자.

3. 조직원들의 자율성을 늘릴 수 있는 방법을 생각해보자.

지속적으로 해야 할 일

1. 모든 일을 혼자 결정하지 않는다.

2. 조직원들의 능력을 키우는 데 투자를 아끼지 않는다.

3. 조직원들이 자부심을 느끼도록 끊임없이 노력한다.

경험은
스토리가 된다

책을 내는 것은 아이를 낳는 것과 같다. 그래서 소중하고 기쁘다. 잘났거나 못났거나 부모가 자식을 사랑하듯 이 책이 잘 쓴 책이든 못 쓴 책이든 나는 이 책을 사랑한다. 그리고 내가 알고 경험한 것들을 모두 쏟아냈으니 그것으로 만족한다.

지난 20여 년을 영업 일선에서 일했다. 그 동안 수많은 일들이 있었다. 편하게 사무실에 앉아 일하는 사람을 보며 부러워한 적도 있었고, 뜨거운 여름날이나 추운 겨울날 무거운 가방을 들고 다닐 때면 한숨이 절로 나기도 했다. 영업하는 사람들을 아래로 내려다보는 시선 때문에 자존심이 상하기도 했다. 남의 사무실에 문을 열고 들어갔다가 쫓겨난 일, 잡상인 취급을 받으며 출입금지를 당한 일 등 힘든 일도 참 많았다.

어디 그뿐인가? 건강기능식품 방판사업을 시작한 후 주부사원을

증원하기 위해 노심초사하거나 임대료가 밀리고, 급여일에 급여를
줄 수 없는 막막한 상황이었을 때에는 왜 이런 힘든 길을 선택했을까
후회한 적도 있었다. 하지만 이 모든 것이 나를 단련시킨 좋은 경험들
이었다. 결국 이 경험들이 모두 응축되어 책으로 빛을 보게 되지 않았
나 싶다. 결과론적으로 나이 들어 생각해보니 인생의 기로에서 선택
을 잘했다는 생각이 든다.

'이 또한 지나가리라.'

나는 이 말이 좋다. 힘든 상황에 놓이면 이 말에서 희망을 얻었다.
덕분에 이 말처럼 수많은 고비들이 모두 지나갔다. 진짜 거짓말처럼
언제 그랬냐는 듯이 말이다. 그 고비를 넘으니 이젠 추억이 되었고,
그 어려움이 스토리가 되었다. 사는 동안 책 한 권 쓰고 싶었던 마음
이 이제 네 권이 되었으니 얼마나 행복한가. 네 권이면 어느 정도 전
문성을 인정받은 것이리라.

주변에서 대학원에 진학해 학위를 받으라는 말을 많이 듣는다. 스
펙은 무시할 수 없다고 공부를 권하지만, 아직 생각이 없다. 차라리
1~2년에 한 번이라도 내 이름으로 된 결과물, 책을 내는 것이 더 실속
이 있다는 생각이다. 학위를 받기 위해 드는 돈으로 더 많은 책을 사서
읽고, 더 많이 경험하는 것이 더 나으리라. 그러면 죽는 날까지 스무
권은 쓸 것이다. 그것이 내 삶의 흔적일 테니 무엇이 부러울 것인가.

이 책을 읽은 사람들에게서 "책을 읽고 많은 도움이 됐다"는 한마디
를 듣는다면 이 책의 저자로서 더한 영광이 없겠다.